Unser Fall: Der vermisste Papagei

Lulu, Umut und Elsa düsen mit den Rädern durch Neustadt.
Paul fährt mit dem Rolli nebenher.
Plötzlich bremst Elsa und ruft: „Schaut mal!"
An einer Laterne klebt ein Plakat
mit dem Foto eines grünen Papageis. „Der sieht ja nett aus",
sagt Paul. „Wird er vermisst?" Lulu liest den Text unter dem Foto:
„Ja, Rico ist seit drei Tagen verschwunden.
Wer ihn sieht, soll Pia und ihre Eltern anrufen.
Dort steht auch, dass Rico vorher noch nie weggeflogen ist."
Umut vermutet: „Vielleicht wurde er ja entführt?
Los, Leute, da müssen wir helfen."
„Super!", sagt Elsa. „Ein neuer Fall für TEAM LUPE!"

Wurde er entführt?

PAPAGEI VERMISST!

„Ein neuer Fall für TEAM LUPE!"
Finde die Hinweise und löse mit den Detektiven
das Rätsel um den vermissten Papagei.

1 Kreise die Satzglieder ein. Stelle die Satzglieder um.
Bilde zwei neue Sätze.

(Umut und Tante Tula) gehen heute in den Zoo.

_____

_____

2 Kreise die Satzglieder ein. Stelle die Satzglieder um.
Bilde zwei neue Sätze.

In diesen Sätzen besteht immer ein Satzglied aus 2 Teilen.

Paul und Mama kaufen morgen im Laden ein.

_____

_____

Die Kinder kommen am Abend bei Elsa vorbei.

_____

_____

3 Kreise die Satzglieder ein. Wie viele sind es?
Kreise den Buchstaben ein.

	Anzahl der Satzglieder		
	4	5	6
(Heute) gehen Paula und Tom um 15 Uhr in den Park.	H	R	T
Morgen gehe ich auf den neu gebauten Spielplatz.	O	R	S
Max spielt am Mittag für 30 Minuten mit dem Ball im Hof.	V	U	S
Oma und Opa holen Marta im Hort ab.	E	L	M

Lösung: ___ ___ ___ ___

› sprachliche Operationen kennen und nutzen: Vorfeldprobe
› grundlegende sprachliche Begriffe erkennen: Satzglied
› Strukturen von Sätzen erkennen: (mehrteilige) Satzglieder

1 Die Sätze wurden um eine Information erweitert.
Wie fragst du nach dieser Information? Kreuze an.

	Wie lange?	Wo?	Wann?	Wohin?	Woher?
Lulu und Elsa treffen sich <u>im Zoo</u>.	☐	☐	☐	☐	☐
Umut und Paul wollen <u>ins Kino</u>.	☐	☐	☐	☐	☐
Oma will <u>am Morgen</u> Kuchen backen.	☐	☐	☐	☐	☐
Papa musste <u>drei Stunden</u> warten.	☐	☐	☐	☐	☐
Marta kommt heute <u>aus Italien</u> zurück.	☐	☐	☐	☐	☐

Erweitere die Sätze um eine Information aus den Kästen.

Halte dich dabei an die Fragekette.

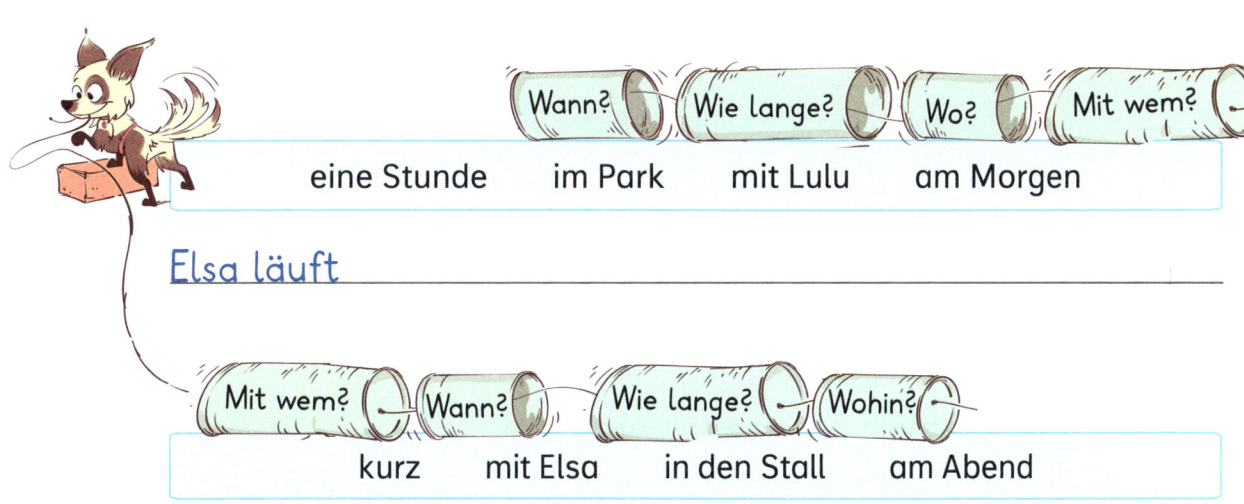

Wann?   Was?   Wo?

| ein Buch | am Nachmittag | auf dem Sofa |

<u>Paul liest</u>

Wann?   Wie lange?   Wo?   Mit wem?

| eine Stunde | im Park | mit Lulu | am Morgen |

<u>Elsa läuft</u>

Mit wem?   Wann?   Wie lange?   Wohin?

| kurz | mit Elsa | in den Stall | am Abend |

<u>Lola geht</u>

› sprachliche Operationen kennen und nutzen: Erweitern
› grundlegende sprachliche Begriffe erkennen: Satzglied
› Strukturen von Sätzen erkennen: Satzglieder

Du kannst zum Markieren der Informationen
die Zettelfarben von Seite 7 verwenden.

 **1** Lies den Text.

Die Wüstenrennmaus

_____

Wüstenrennmäuse kommen aus Asien und sind vor allem in der Mongolei aber auch in China zu finden.

_____

Sie erreichen eine Größe von 10–12 cm und ein Gewicht vom 80–120 g. Das Bauchfell ist weiß, das übrige Fell ist braun. Die Wüstenrennmaus hat große schwarze Augen und winzige braune Ohren.

_____

Wüstenrennmäuse können bis zu vier Jahre alt werden. Sie leben in Gruppen zusammen und sind nachtaktiv. Sie halten sich am liebsten im hohen Gras oder in Gängen und Höhlen auf, die sie in die Erde graben.

_____

Wüstenrennmäuse gehören zu den Säugetieren. Das Weibchen ist 21–28 Tage trächtig und kann zwischen vier und zwölf Jungtiere bekommen. Die Paarungszeit ist von Februar bis August.

_____

Wüstenrennmäuse sind Beutetiere. Das heißt, sie müssen sich vor Greifvögeln, dem Fuchs, dem Wiesel und dem Wolf in Acht nehmen.

 **2** Was stimmt? Was stimmt nicht? Kreise den Buchstaben ein.

	👍	👎
Wüstenrennmäuse kommen aus Amerika.	H	G
Sie haben ein Gewicht von bis zu 120 g.	E	I
Sie haben große schwarze Ohren.	T	R
Wüstenrennmäuse sind tagsüber unterwegs.	S	B
Wüstenrennmäuse leben in Gruppen.	I	A
Die Paarungszeit endet im Februar.	N	L

Wüstenrennmäuse werden auch ___ ___ ___ ___ ___ ___ genannt.

3 Ordne die Zwischenüberschriften den Absätzen zu. Schreibe auf die Linien.

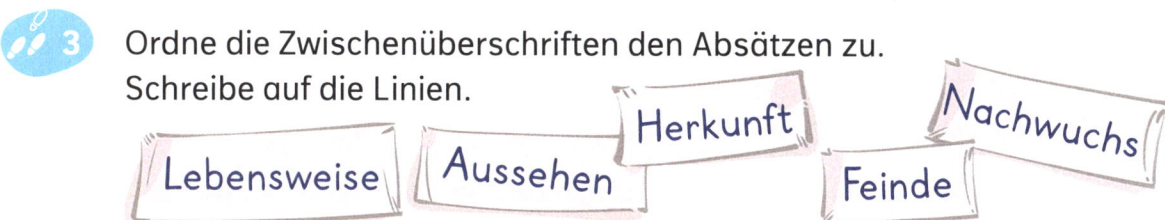

Herkunft

Nachwuchs

Lebensweise

Aussehen

Feinde

4 Markiere in den Absätzen die wichtigen Informationen.

5 Fülle die Zettel für das Lapbook aus. Notiere Stichpunkte.

Lebensweise
- _____
- _____
- _____

Aussehen
- _____

_____

Herkunft
- _____
- _____

Nachwuchs
- _____
- _____
- _____
- _____

PAARUNGSZEIT

Feinde

› zentrale Aussagen von Textabschnitten erfassen und Überschriften zuordnen
› Informationen im Text finden und markieren
› informierenden Text verfassen: Lapbook

7

 **1** Setze unterschiedliche Vokale ein. Welche Wörter können entstehen?
Setze Silbenbögen und markiere die Vokallänge mit • oder – .

T_nn_   T_nt_   H_s_   Qu_ll_   R_h_

Tanne   _____   _____   _____   _____

Tonne   _____   _____   _____   _____

 **2** Entscheide bei jedem Wort, ob der Vokal in der 1. Silbe kurz (•) oder
lang (–) ist. Wähle den richtigen Weg und zeichne ihn in die Karte ein.

 **3** Löse die Passwörter, um das Türschloss zu öffnen.
Setze passende Vokale in die Wörter ein. Markiere die Vokallänge.

TIPPS:

Tnnnzpfn	Er hängt am Baum.	Tannenzapfen
Snnnblm	Sie blüht gelb.	_____
Rgnwrm	Er lebt in der Erde.	_____
Sppnlffl	Er gehört zum Besteck.	_____
Snnnbrll	Sie schützt die Augen.	_____
Trmpt	Es ist ein Instrument aus Metall.	_____

› Lautqualität von Vokalen untersuchen
› Struktur von Silben untersuchen
› Rätselwörter entschlüsseln

 **1** Lies den Text. Kreise die richtigen Schreibungen ein.

Elsa so $_{ll}^{l}$ heute Morgen für Mama Sala $_{tt}^{t}$ und Bro $_{tt}^{t}$ einkaufen gehen.

Dabei wäre sie noch vie $_{ll}^{l}$ lieber im Be $_{tt}^{t}$ geblieben.

Müde legt sie sich den Schal um den Hal $_{ss}^{s}$ und macht sich auf den Weg.

Draußen ist es kalt und na $_{ss}^{s}$.

Elsa bemerkt, dass ihre Jacke viel zu dü $_{nn}^{n}$ ist.

Damit sie nicht friert, beschleunigt sie ihren Schri $_{tt}^{t}$.

Sie möchte so schne $_{ll}^{l}$ es geht im Laden sein.

Aber oh nein! Jetzt hat sie doch gla $_{tt}^{t}$ das Geld auf dem Schlüsselbre $_{tt}^{t}$ liegen lassen.

„Na to $_{ll}^{l}$!", ruft Elsa, kehrt um und läuft zurück zum Ho $_{ff}^{f}$.

 **2** Schreibe die blau markierten Wörter richtig auf.
Notiere zu jedem Wort ein weiteres Wort, das beim richtigen Schreiben hilft.

soll — sollen,

> Rechtschreibstrategien verwenden: Vokallänge und Schwingen
> grammatisches Wissen für Rechtschreibung nutzen

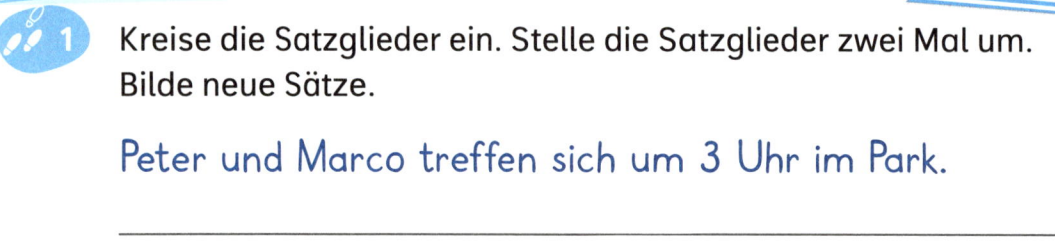

Detektivwissen überprüfen

1 Kreise die Satzglieder ein. Stelle die Satzglieder zwei Mal um. Bilde neue Sätze.

Peter und Marco treffen sich um 3 Uhr im Park.

_____

_____

_____

Ich schreibe schnell meine Hausaufgaben auf.

_____

_____

_____

2 Setze die fehlenden Vokale in die Nomen ein. Setze Silbenbögen. Markiere die Vokallängen.

Sch__tzk__st__   W__ss__rb__ll   R__llsch__h__

3 Kreise die Fehler ein. Schreibe die Wörter richtig auf. Finde jeweils ein weiteres Wort, das beim richtigen Schreiben hilft.

Es sind 6 Fehler!

Umut rent mit Lulu schnel um die Wette. Lulu führt.

_____

Sie läufft sehr schnell. Umut schaft es kurz nach Lulu ins Ziel.

_____

Beide Kinder sind total plat. Auf jeden Fal brauchen sie jetzt Wasser.

_____

› Strukturen von Sätzen erkennen: (mehrteilige) Satzglieder
› Rechtschreibstrategien verwenden: Vokallänge und Schwingen
› den eigenen Lernstand einschätzen

Paul fotografiert mit dem Team-Tablet das Plakat.
Dann fahren die Freunde durch den Stadtpark.
Sie halten Augen und Ohren offen, sehen aber leider
nur ein paar Spatzen. Lulu stellt fest:
„Wir brauchen mehr Infos.
Wo genau ist Rico verschwunden? Und wann?"
Sie fahren schnell zu Umut und rufen Pia an.
Elsa sagt: „Hallo Pia! Wir haben dein Suchplakat gesehen.
Wir sind Detektive und wollen dir helfen, Rico wiederzufinden."
Pia antwortet: „Das ist ja toll, danke!"
TEAM LUPE bespricht alle Fragen mit Pia.
Am Schluss will Lulu wissen, ob Rico zutraulich ist.
Pia seufzt: „Ja, leider. Er hat gar keine Scheu vor Menschen.
Er quatscht jeden an."

Wo? Wann?

? Rico kann sprechen. Was sagt er besonders gern?
Lies von rechts nach links.

☐ Komm nur her!
1a

Komm nur her! **F**

☐ Komm mal her!
1b

Komm mal her! **K**

Satzschlusszeichen und wörtliche Rede

 1 Trenne die Wörter in der E-Mail durch Striche. Schreibe die Sätze auf. Achte auf die Satzschlusszeichen.

HalloMiaWiegehtesdirMirgehtesgutWirhabenbaldFerienHastduauchbaldfrei

2 Ergänze die Satzschlusszeichen.

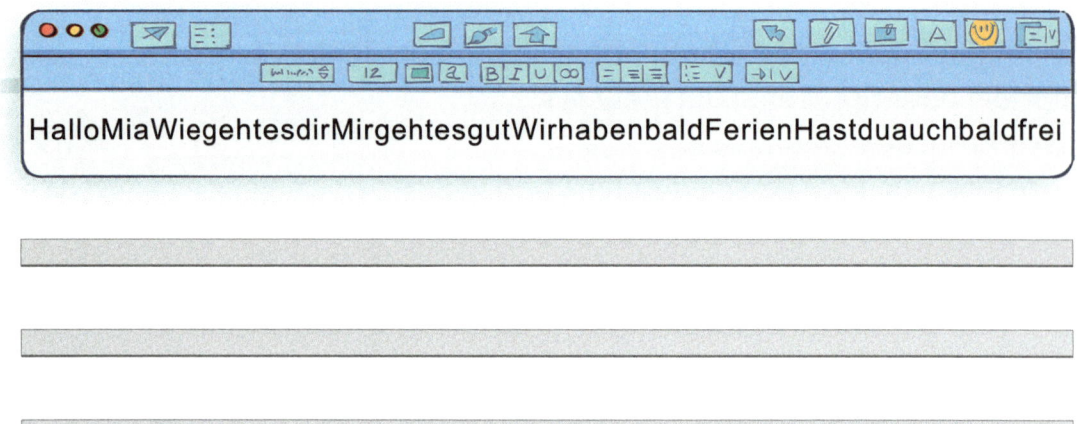

Was liegt denn da

Murmel, gib Acht

Lasst uns auf die andere Straßenseite gehen

3 Übertrage die Sätze aus Aufgabe 2 in einen Text mit wörtlicher Rede.

Die Kinder sind mit Murmel unterwegs.

Auf einmal fragt Elsa: „Was liegt denn da?"

Paul schaut auf den Boden.

Schnell ruft er_____

Dann schlägt Umut vor_____

_____

› Satz als Sinneinheit erkennen
› Satzschlusszeichen kennen und anwenden
› Satzzeichen setzen: Zeichen der wörtlichen Rede

 **1** Lies die Geschichte. Ergänze die Satzschlusszeichen, Doppelpunkte und Anführungszeichen.

Elsa und Lulu sind auf dem Spielplatz Sie sitzen auf der Schaukel und plaudern Da kommt ein kleiner Junge angelaufen Er hat Tränen in den Augen Was ist bloß geschehen   Lulu fragt   Was hast du denn Der Junge schnieft und antwortet   Ich habe meinen Haustürschlüssel im Sandkasten verloren Könnt ihr mir suchen helfen
Elsa und Lulu nicken und rufen   Na klar, wir helfen dir
Gemeinsam gehen die drei Kinder zum Sandkasten
Dort hat der Junge noch seine Schaufel und ein Plastiksieb liegen Elsa hält das Sieb fest und Lulu schaufelt den Sand hinein Werden sie den Schlüssel finden
Es dauert eine Weile, aber dann ruft Elsa   Juchu, da ist der Schlüssel   Der kleine Junge lacht erleichtert und meint   Vielen Dank, dass ihr mir geholfen habt Das war sehr nett von euch

 **2** Ergänze **?**, **!** und **.** passend zu den beschriebenen Situationen.

Umut ist verärgert, weil sich ein anderes Kind vordrängelt.

Umut ist überrascht, dass er beim Spiel an der Reihe ist.

Umut antwortet Paul, dass er nun mit Würfeln dran ist.

Ich bin dran

Ich bin dran

Ich bin dran

› Satzschlusszeichen und Zeichen der wörtlichen Rede kennen und anwenden
› Funktion unterschiedlicher Satzarten nutzen und passende Satzschlusszeichen setzen

1 Kreise die Verben zum Wortfeld **sprechen** ein. Setze die Verben an die jeweils richtige Stelle.

In diesem Text sind die Verben durcheinander geraten.

Elsa, Paul, Lulu und Umut stehen an der Kinokasse an.

jubelt
Umut erklärt: „Juchu! Ich freue mich schon so auf den Film!"

Lulu jammert zur Kassiererin: „Wir hätten gerne vier Karten."

Die Kassiererin sagt: „Wollt ihr lieber vorne oder hinten sitzen?"

Lulu fragt: „Bitte weiter vorne, wenn es geht."

Danach kaufen die vier Kinder Popcorn.

Ein kleiner Junge sieht das und flüstert laut: „Ich will auch Popcorn haben!"

Seine Mutter jubelt: „Das geht nicht. Du hattest schon eine ganze Tüte."

Der Junge stampft unzufrieden mit dem Fuß auf.

Umut beugt sich grinsend zu Paul und antwortet: „So war ich früher auch."

› grundlegende sprachliche Begriffe kennen: Wortfeld
› Bedeutungsunterschiede der Verben im Wortfeld „sprechen" erfassen

 **1** Betrachte den Comic genau.

 **2** Trage die Klangwörter passend in den Comic ein.

Wau wau   Blubb blubb   Knack   Wusch

 **3** Ergänze im Text die wörtliche Rede passend zum Comic.
Folgende Wörter sollen vorkommen:
Limo+lecker   Geräusch+komisch   Uno+Murmel+schneller

Murmel und Uno rennen freudig hinter Paul her.
Paul ruft den Hunden zu: _____

_____

Lulu und Elsa haben sich etwas zu trinken gekauft.
Lulu schaut Elsa zu und meint lachend: _____

_____

Umut achtet nicht auf den Weg. Auf einmal tritt er
auf etwas und fragt sich: _____

_____

› Textsorten kennen und verstehen: Comic
› Fachbegriffe zur Textsorte Comic kennen
› wörtliche Reden nach Anregung schreiben

Wörter in Silben gliedern

1 Löse die Rätsel. Setze Silbenbögen und markiere die Silbenkerne.
Die Lösungswörter findest du in den Schlangen.

MAMARIENKÄFERBANDETEKTIVHÜTEVAMPIRZAHNKRONE

Ein Mann, der Kriminalfälle löst: _____

Ein Fahrzeug, das du nur
mit Helm fahren solltest: _____

Ein Musikinstrument mit Saiten: _____

Ein Insekt mit Flügeln und
schwarzen Punkten: _____

Ein erfundenes Wesen, das Blut trinkt: _____

Ein fliegendes Säugetier: _____

GEFAHRRADTOURGITARRENHALSFLEDERMAUSELOCH

2 Welche Tiere haben sich in den
Buchstabenreihen versteckt?
Schreibe und setze Silbenbögen.

TZaifengue = Ziege

Tipp: Notiere
nur jeden zweiten
Buchstaben.

ASlpmientnwef

KVrougjedll

WDoascphcsn

MKealtizgeh

BFeutcöhfsj

TBziabeesrm

› Rechtschreibstrategien verwenden: Schwingen
› Rätselwörter entschlüsseln

1 Verlängere die Wörter. Kreise den Buchstaben ein,
den du nun besser hören kannst.

er geht – _gehen_____   sie zieht – _____

es steht   – _____   er näht   – _____

die Kuh   – _____   es blüht   – _____

das Reh   – _____   der Zeh   – _____

2 Markiere die Fehler und schreibe die Wörter richtig auf.
Kreise den Buchstaben ein, den du nun besser hören kannst.

Ein sonniger Tag

Elsa get mit Lulu zum See.   _gehen — geht_____
Sie hören Radio.
Lulu dret die Musik lauter.   _____

Elsa sprüt vor Freude.   _____

Lulu stet auf und tanzt.   _____

Dabei tritt sie auf Elsas Schu.   _____

„Aua, mein Ze!", ruft Elsa.   _____

„Sei nicht böse, Elsa", flet Lulu.   _____

Es sind 7 Fehler
im Text versteckt!

 **1** Lies die Fabel.

Die Ente und der Schwan

Eine unscheinbare Ente und ein anmutiger Schwan
schwammen auf einem See.
Da kam ein Wanderer vorbei und warf den beiden Vögeln
ein Stück Brot ins Wasser.
5 Die Ente und der Schwan schossen gleichzeitig darauf zu.
Sie waren so schnell, dass sie beinahe gegeneinanderstießen.
Doch zum Glück konnten sie im letzten Moment noch anhalten.
Das Stück Brot schwamm nun genau zwischen ihnen.
Die Ente rief aufbrausend: „Schwimm weiter! Das ist mein Brot!"
10 Der Schwan entgegnete selbstsicher:
„Nein, das Brot ist natürlich für mich."
Da flatterte die Ente aufgeregt mit ihren Flügeln und rief:
„Ich habe es genau gesehen. Der Mensch hat das Brot für mich
reingeworfen!"
15 Der Schwan schüttelte den Kopf und entgegnete überheblich:
„Bestimmt nicht! Der Mensch hat es dem schönsten Vogel
hier im See zugeworfen und das bin ich!" Dabei reckte er stolz den Hals
und versuchte dann, nach dem Stück Brot zu schnappen.
Aber die Ente schwamm ihm in die Quere.
20 „Nein, nein, nein. Das Brot ist für mich!", meinte sie stur.
Und so setzte sich der Streit fort.
Das Stück Brot trieb weiter im Wasser.
Schließlich tauchte ein alter Karpfen aus dem See auf.
Er entdeckte das Stück Brot, öffnete sein großes Maul und verschlang es
25 glücklich. Fassungslos starrten die Ente und der Schwan den Karpfen an.
Dieser schwamm zufrieden noch einmal im Kreis und tauchte dann wieder
langsam ins tiefere Wasser ab.

 **2** Markiere die zu den Tieren passenden
Adjektive in unterschiedlichen Farben.

In Fabeln haben
Tiere ganz
bestimmte
Eigenschaften.

 **3** Welche Bedeutung haben die dick gedruckten Wörter? Kreuze an.

Karpfen: „Manche sagen, ich sei **zufrieden**."

Dieses Wort bedeutet …

☐ unglücklich. ☐ ausgeglichen. ☐ aufgeregt.

Schwan: „Manche sagen, ich sei **selbstsicher**."

Dieses Wort bedeutet …

☐ selbstsüchtig. ☐ selbstlos. ☐ selbstbewusst.

Ente: „Manche sagen, ich sei **aufbrausend**."

Dieses Wort bedeutet …

☐ aufmerksam. ☐ reizbar. ☐ lustig.

4 Wer sagt was in der Fabel? Verbinde.

„Bestimmt nicht!"

„Schwimm weiter!"

„Nein, das Brot ist natürlich für mich."

„Das Brot ist für mich!"

5 Was kann man aus der Fabel lernen? Kreuze an.

☐ Wenn zwei sich streiten, freut sich der Dritte.

☐ Wer anderen eine Grube gräbt, fällt selbst hinein.

☐ Der Klügere gibt nach.

› Aussagen passend zum Text zuordnen
› Wortbedeutungen kennen
› eine passende Lehre zur Fabel auswählen

Detektivwissen überprüfen

 1 Trenne die Wörter durch Striche ab. Notiere die Sätze. Achte auf die Satzschlusszeichen und die Zeichen für die wörtliche Rede.

> SamuundUmutsindaufdemSchulhofUmutfragtWollenwirzurRutsche
> SamuantwortetIchmöchtelieberzumKlettergerüstDamitistUmutauch
> einverstanden

 **2** Welche Wörter haben sich in den Buchstabenreihen versteckt? Schreibe und setze Silbenbögen.

Tipp: Notiere nur jeden zweiten Buchstaben.

TZeasumbwelrisgtdaoby

KHladuvsbsxcahruuhz

AWdasnldkegrtwpeogl

WRoidecsaelnfrgazdh

 **3** Schwinge die Wörter aus Aufgabe 2 weiter.
Kreise den Buchstaben ein, den du nun besser hören kannst.

› Rechtschreib- und Grammatikwissen anwenden
› den eigenen Lernstand einschätzen

Ich bin schön!

TEAM LUPE hat herausgefunden, dass Rico also immer
„Komm mal her!", ruft und damit Leute anlockt.
Pia erzählt noch mehr von ihm.
Rico war mit drei grauen Papageien in einer großen Voliere
im Garten. Die anderen Vögel sind alle noch da.
Elsa fragt: „Dürfen wir uns diese Voliere mal ansehen?"
„Ja, gerne. Kommt einfach vorbei", sagt Pia.
Lulu, Umut, Paul und Elsa fahren sofort hin.
Schon von Weitem hören sie die Papageien krächzen.
Die Voliere ist ein großer Käfig. Darin können die Vögel fliegen.
„Das sind Fritz, Emmi und Peter", erklärt Pia.
„Ich bin schön!", ruft Peter. Alle lachen.
Dann ruft Umut plötzlich ganz aufgeregt „Seht mal, da!"

? Umut zeigt auf die Voliere. Was hat er entdeckt?

☐ ein Loch   ☐ eine offene Tür

2a ... **ö**   2b ... **e**

 **1** Lies von rechts nach links. Kreise die Nomen ein.

> hcsorfnahcseesmilamsutkakstanebeilrloas

> nifuoltorbtdalgeseiwnentrhafnedeirhcseztih

 **2** Löse das Kreuzworträtsel mithilfe der Nomen aus Aufgabe 1.

1. Fläche mit Gras und Blumen
2. ein Gewässer
3. hohe Temperaturen
4. Pflanze in der Wüste

5. Gegenteil von Hass
6. Bewegung mit dem Auto
7. Tier, das im Wasser lebt
8. ein Lebensmittel

1. W I E S E

Lösung: ___ ___ ___ ___ ___ ___   ___ ___ !

› Merkmale von Nomen kennen und anwenden
› grundlegende sprachliche Begriffe kennen: Nomen

1 Bilde zusammengesetzte Nomen.
Achte auf den Artikel.

Bei manchen zusammengesetzen Nomen musst du ein Fugen-s oder ein Fugen-n einfügen.

Wald	Erdbeere	Feld

der Wald

die Walderdbeere

das Walderdbeere**n**feld

Blume	Vase	Muster

Geburt	Tag	Kuchen

2 Markiere das Fugen-s und das Fugen-n in Aufgabe 1.

› Merkmale von Komposita kennen
› Fugenlaute kennen und markieren

1 Bilde neue Wörter.
Trage sie in die richtige Spalte ein.

Mit den blauen Karten kannst du mehrere Wörter bilden.

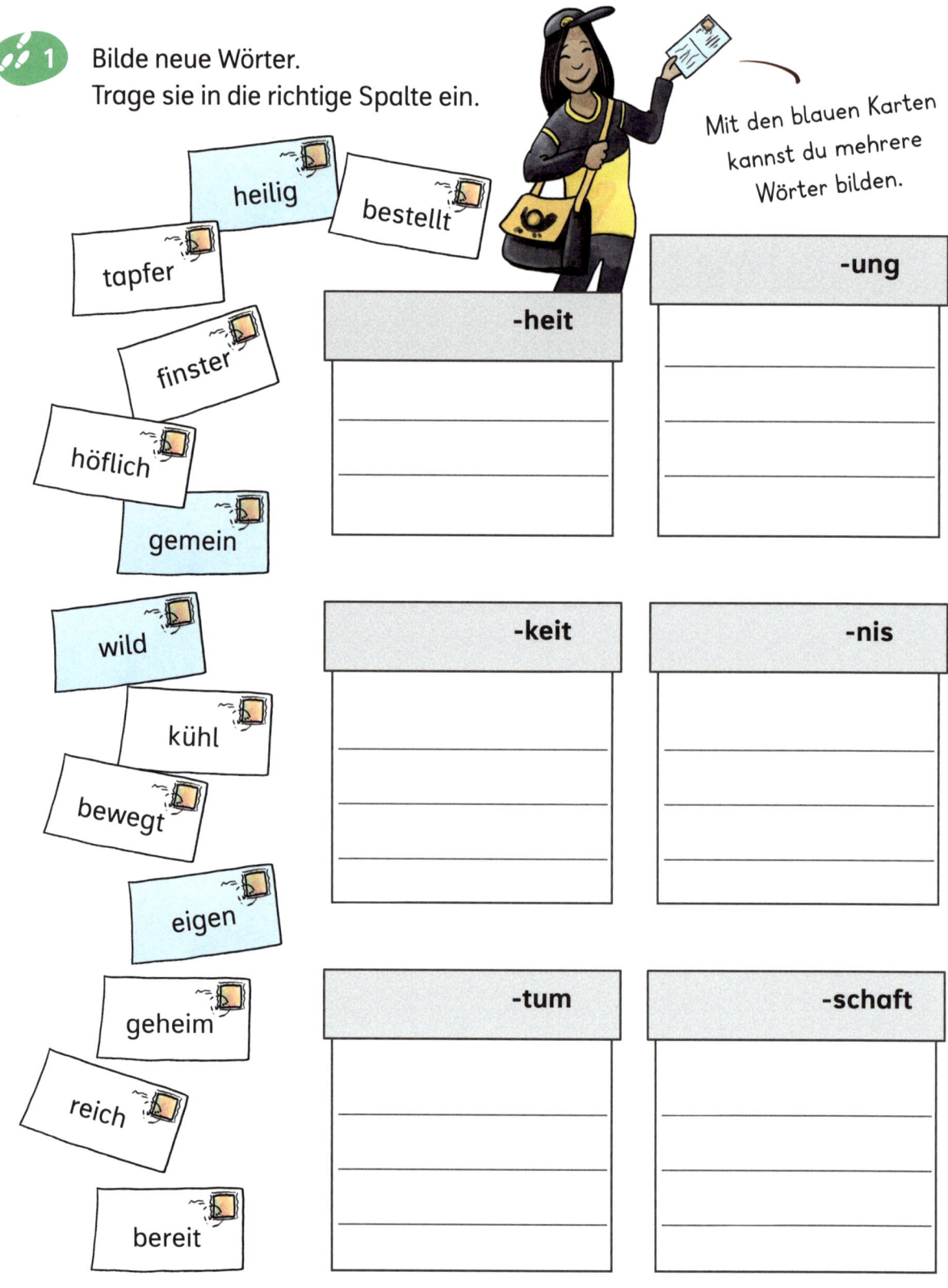

heilig

bestellt

tapfer

finster

höflich

gemein

wild

kühl

bewegt

eigen

geheim

reich

bereit

-heit	-ung

-keit	-nis

-tum	-schaft

› Wörter strukturieren
› grammatisches Wissen für Rechtschreibung nutzen

Nomen mit verschiedenen Endungen kennen

2 Bilde neue Wörter. Trage die Wörter in das Gitterrätsel ein.

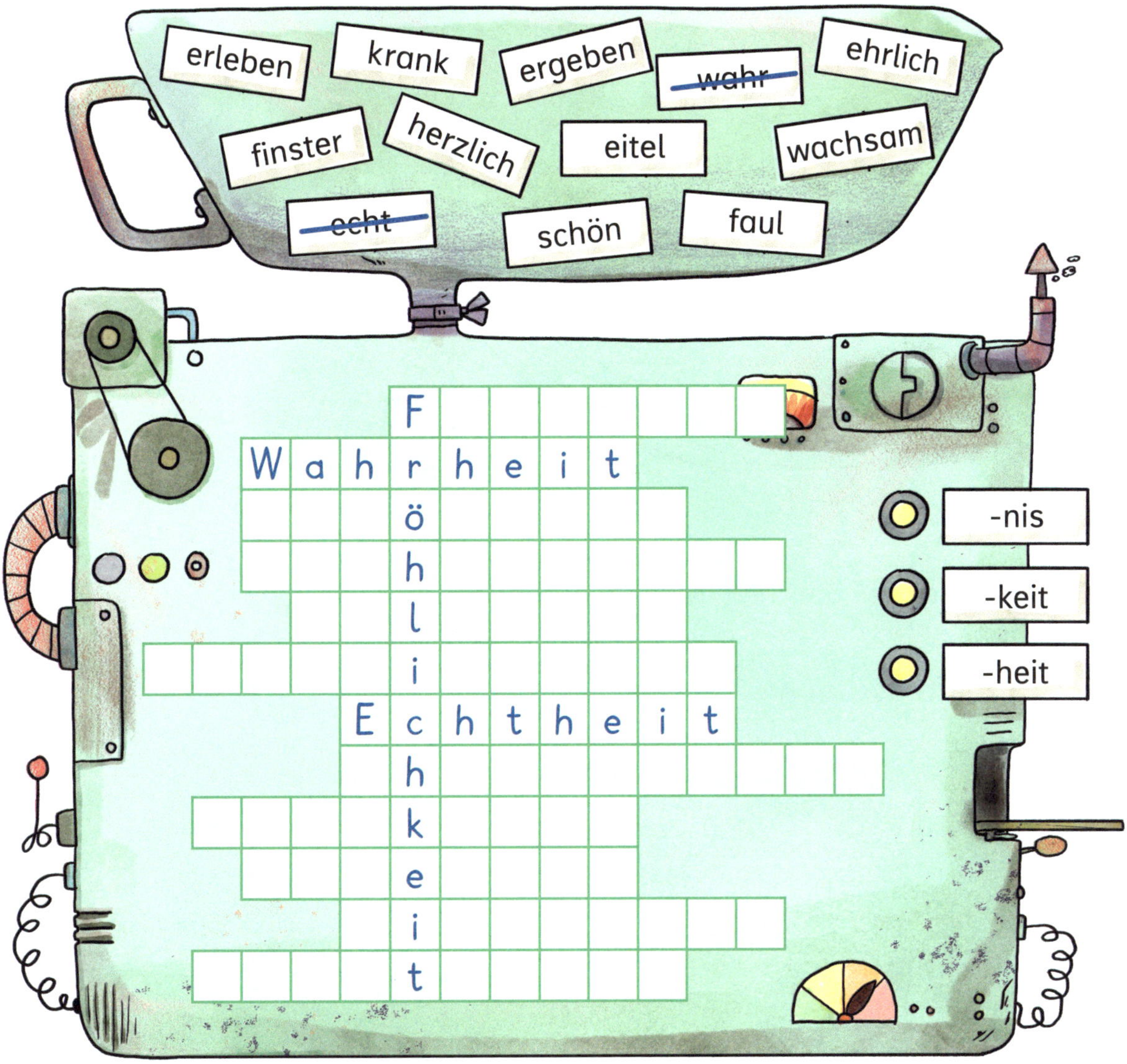
erleben
krank
ergeben
wahr
ehrlich
finster
herzlich
eitel
wachsam
echt
schön
faul
Wahrheit
Fröhlichkeit
Echtheit
-nis
-keit
-heit

3 Bilde zu jedem Adjektiv zwei Nomen.
Nutze die verschiedenen Endungen.

-heit -keit -nis
-tum -schaft -ung

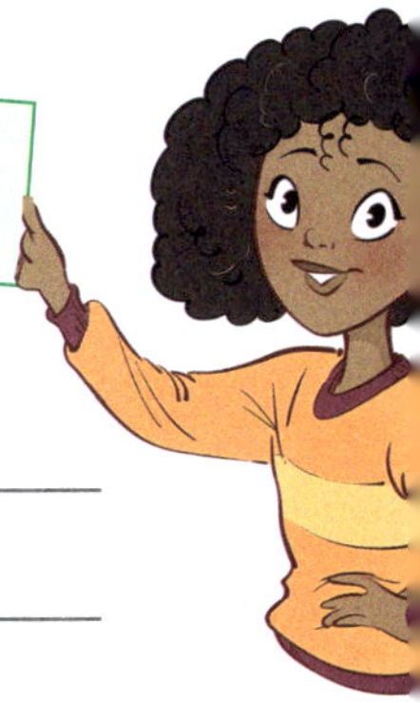

einig:

____

____

sicher:

____

____

1 Sieh dir die Abbildung genau an.

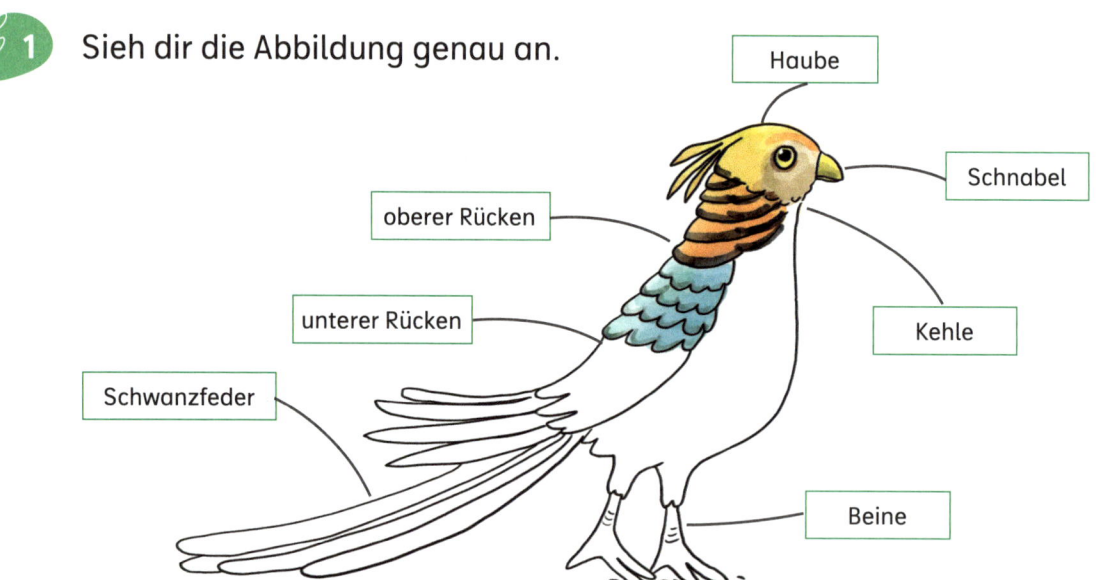

2 Ergänze den Text. Nutze die Abbildung als Hilfe.

Ein farbenprächtiger Vogel

Der männliche Goldfasan ist ein farbenprächtiges Tier.
Seine Augen sind innen schwarz und außen hellgelb.
Im Bereich des Gesichts hat der Goldfasan keine Federn.
Es ist hellbraune Haut zu sehen. Der leicht gebogene
gelbe _____ ist kurz und spitz.

Auf dem Kopf hat der Goldfasan eine _____ aus
langen goldgelben Federn. Am Hinterkopf schließen sich
breite fast rechteckige goldgelbe Federn mit schwarzen
Rändern an. Sie liegen wie ein Kragen um den Kopf des
Goldfasans und reichen ihm bis zum _____
_____. Im Anschluss folgen noch mehrere Reihen
türkisblauer Federn.

› sinnentnehmend lesen
› Fachbegriffe in einem Text ergänzen

 **3** Male das Bild auf Seite 26 passend zum Text an.

Im Bereich des **unteren Rückens** finden sich dünne gelbe Federn, die an den Spitzen rot sind.

Unter den dünnen gelben Federn ragen vier längere orangerote Federn hervor.

Die ansonsten schwarzen **Schwanzfedern** haben viele kleine braune Flecken.

Das Gefieder auf der Vorderseite ist von der **Kehle** oben bis zu den **Beinen** orangerot. Die **Beine** haben die gleiche Farbe wie der Schnabel.

 **4** Was stimmt? Was stimmt nicht? Was steht nicht im Text? Kreuze an.

	👍	👎	🚫👁
Der weibliche Goldfasan ist ein farbenprächtiges Tier.	☐	☐	☒
Im Gesicht hat der Goldfasan keine Federn.	☐	☐	☐
Die Gesichtshaut ist dunkelbraun.	☐	☐	☐
Der Schnabel ist zwei Zentimeter lang.	☐	☐	☐
Die Federn der Haube sind goldgelb.	☐	☐	☐
Die Federn am Hinterkopf sind fast dreieckig.	☐	☐	☐
Die Federn des unteren Rückens sind sehr weich.	☐	☐	☐
Die Schwanzfedern sind alle gleich lang.	☐	☐	☐
Die Beine haben die gleiche Farbe wie der Schnabel.	☐	☐	☐

Ein Treppengedicht ergänzen und schreiben

1 Füge passende Schiebewörter in das Treppengedicht ein.

Die Wörter in den Kästen helfen dir. Das sind Schiebewörter.

Der Junge

Der _____ Junge

Der _____, _____ Junge

backt
mit seiner Oma

mit seiner _____ Oma

mit seiner _____, _____ Oma

einen Kuchen.

einen _____ Kuchen.

einen _____, _____ Kuchen.

alten
kleine
grauhaarigen
leckeren
blonde
runden

2 Schreibe ein eigenes Treppengedicht passend zum Bild.

Das Mädchen

_____

_____

angelt

_____

_____

einen Fisch.

_____

_____

alt
jung
rothaarig
lachend
groß
grün

› grammatisches Wissen für Rechtschreibung nutzen
› Struktur von Sätzen erkennen: Kern der Nominalgruppe

1 Bilde drei sinnvolle Sätze. Rahme zusammengehörige Satzglieder in der gleichen Farbe ein.

Der Seehund	grast	mit seiner Herde	im Wasser.
Der Vogel	sitzt	einen Fisch	in der Savanne.
Das Zebra	jagt	auf seinen Eiern	im Nest.

2 Suche dir **einen** Satz aus. Füge vor jedes Nomen ein Schiebewort ein. Schreibe deinen verlängerten Satz richtig auf. Kreise die Nomen ein.

_____

_____

_____

3 Markiere die Schiebewörter und die Nomen mit zwei verschiedenen Farben.

Im großen, dichten wald leben scheue rehe. Sie trauen sich nur in der frühen oder späten dämmerung heraus. Dann fressen sie mit großer wachsamkeit das saftige, grüne gras und trinken aus klaren bächen und flüssen.

4 Trage die Nomen aus Aufgabe 3 passend in die Felder ein.

Tipp: Trage zuerst das Nomen mit den meisten Buchstaben ein.

› Rechtschreibstrategien anwenden: Nomen großschreiben
› Struktur von Sätzen erkennen: Kern der Nominalgruppe

Detektivwissen überprüfen

1 Markiere das Fugen-s und das Fugen-n.

die Frühlingsblumenwiese

2 Trenne das zusammengesetzte Nomen aus Aufgabe 1.
Schreibe die einzelnen Nomen auf die Wortkarten. Achte auf die Artikel.

_____   _____   _____

3 Verbessere die Endungen der Nomen.

Bestellschaft

Tapfertum

Bereitnis

Reichung

Geheimkeit

4 Markiere alle Nomen.

DER ADLER BAUT SEIN NEST IM TURM EINER FESTUNG.

5 Schreibe den Satz aus Aufgabe 4 mit einem Schiebewort vor jedem Nomen auf.

› Merkmale von Komposita kennen
› Rechtschreib- und Grammatikwissen anwenden
› den eigenen Lernstand einschätzen

Erpressung!

Paul kombiniert: „Jemand hat ein Loch
in die Voliere geschnitten und Rico geklaut!"
Lulu vermutet: „Oder das Loch war schon vorher da
und Rico ist ausgebüxt." Pia weiß es leider nicht.
Sie hat das Loch auch erst jetzt gesehen.
Und die Voliere wurde vor zehn Jahren gebaut.
Da kann schon mal etwas kaputtgehen.
Pia holt ihren Papa, um ihm das Loch zu zeigen.
Papa und Pia wollen es gleich reparieren.
Elsa gibt Pia noch schnell ihre Telefonnummer.
Dann verabschieden sich die Detektive.
Am nächsten Tag klingelt bei Elsa das Telefon. Pia ist dran.
Sie ist ganz aufgelöst und erklärt: „Es geht um Rico.
Ich werde erpresst. Könnt ihr gleich herkommen?"

? Pia hat einen Erpresserbrief bekommen. Ein Teil fehlt im Puzzle.
Welches?

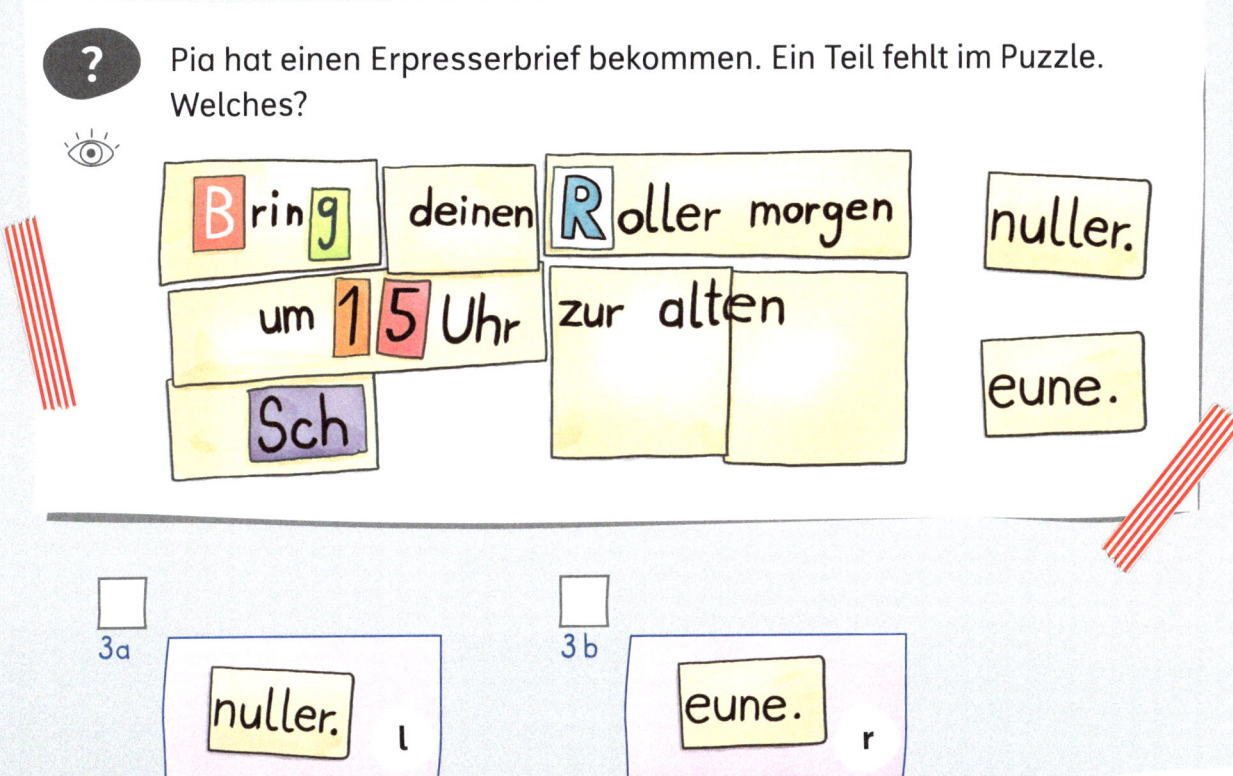

3a [ ] — nuller.   l

3b [ ] — eune.   r

 **1** Trage die Verben in den jeweiligen Personalformen im **Präsens (Gegenwart)** in die Tabelle ein.

		werden	haben	sein	können
E i n z a h l	1. Person ich	werde	habe	bin	kann
	2. Person du				
	3. Person er/sie/es				
M e h r z a h l	1. Person wir				
	2. Person ihr				
	3. Person sie				

 **2** Schreibe die richtigen Personalformen im **Präsens** auf.

geben   3. Person Einzahl: _____

lassen   1. Person Einzahl: _____

essen   2. Person Mehrzahl: _____

gehen   1. Person Mehrzahl: _____

 **3** Schreibe die Person und die Grundform des Verbs auf.

du läufst: ___. Person _____ vom Verb _____

sie lachen: ___. Person _____ vom Verb _____

› grundlegende sprachliche Begriffe kennen: Grundform, Personalform, Präsens
› Präsens bei unregelmäßigen Verben kennen

Hier geht es los!

Unser Fall:

1 Der Krimi beginnt mit dieser Seite:

 # Unser Fall

Hier erfährst du, was passiert ist.

Ein neuer Fall für TEAM LUPE

Bevor es mit dem Fall weitergeht,
kommt erst mal ein Übungskapitel.

Puh!

Uff!

Üben!

Kapitel 1

Rätseln!

**Spurensicherung:
Der 1. Hinweis!**

Knobeln!

2 Weiter geht es mit der

 # Spurensicherung

Du ermittelst gemeinsam mit TEAM LUPE.
Löse das Rätsel und finde den Hinweis.
Jetzt weißt du, welcher Sticker in die Fallakte gehört.

Klebe den richtigen Hinweis-Sticker
vom Stickerbogen in die Fallakte.

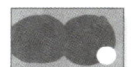 

Bist du unsicher, welches der richtige Sticker ist?
Du findest die Lösung auch immer versteckt auf
der Seite.

Spannung!

Aha!

Hm!

Übe nun weiter.

Kapitel 2

Endlich kapiert!

2-mal blättern,
dann geht es weiter.

Illustrationen: Michael Stapper

Meine Hinweis-Sticker für den Fall

westermann

TEAM *LUPE* ERMITTELT

Der vermisste Papagei

LÖSUNGEN
(zum Heraustrennen
die mittlere Klammer lösen)

Lösungen zu
ISBN 978-3-14-**141479**-0
Illustriert von Cesare Asaro, Matthias Berghahn, Michael Stapper, Zapf
Antje Hagemann, Steffen Gumpert

Deutsch
FORDERN

Seite 4

Sprache untersuchen
Satzglieder erkennen und umstellen

1 Kreise die Satzglieder ein. Stelle die Satzglieder um. Bilde zwei neue Sätze.

(Umut und Tante Tula) (gehen) (heute) (in den Zoo).

Beispiel: Heute gehen Umut und Tante Tula in den Zoo.

In den Zoo gehen heute Umut und Tante Tula.

2 Kreise die Satzglieder ein. Stelle die Satzglieder um. Bilde zwei neue Sätze.

In diesen Sätzen besteht immer ein Satzglied aus 2 Teilen.

(Paul und Mama) (kaufen) (morgen) (im Laden) (ein).

Beispiel: Morgen kaufen Paul und Mama im Laden ein.

Im Laden kaufen Paul und Mama morgen ein.

(Die Kinder) (kommen) (am Abend) (bei Elsa) (vorbei).

Beipiel: Am Abend kommen die Kinder bei Elsa vorbei.

Bei Elsa kommen die Kinder am Abend vorbei.

3 Kreise die Satzglieder ein. Wie viele sind es? Kreise den Buchstaben ein.

	Anzahl der Satzglieder		
	4	5	6
(Heute) (gehen) (Paula und Tom) (um 15 Uhr) (in den Park).	**H**	R	T
(Morgen) (gehe) (ich) (auf den neu gebauten Spielplatz).	**O**	R	S
(Max) (spielt) (am Mittag) (für 30 Minuten) (mit dem Ball) (im Hof).	V	U	**S**
(Oma und Opa) (holen) (Marta) (im Hort) (ab).	**E**	L	M

Lösung: R O S E

› sprachliche Operationen kennen und nutzen: Vorfeldprobe
› grundlegende sprachliche Begriffe erkennen: Satzglied
› Strukturen von Sätzen erkennen: (mehrteilige) Satzglieder

4

Seite 5

Sprache untersuchen
Mit Satzgliedern Sätze erweitern

1 Die Sätze wurden um eine Information erweitert. Wie fragst du nach dieser Information? Kreuze an.

	Wie Lange?	Wo?	Wann?	Wohin?	Woher?
Lulu und Elsa treffen sich im Zoo.	☐	☒	☐	☐	☐
Umut und Paul wollen ins Kino.	☐	☐	☐	☒	☐
Oma will am Morgen Kuchen backen.	☐	☐	☒	☐	☐
Papa musste drei Stunden warten.	☒	☐	☐	☐	☐
Marta kommt heute aus Italien zurück.	☐	☐	☐	☐	☒

Erweitere die Sätze um eine Information aus den Kästen.

Halte dich dabei an die Fragekette.

Wann? — Was? — Wo?

| ein Buch | am Nachmittag | auf dem Sofa |

Paul liest am Nachmittag ein Buch auf dem Sofa.

Wann? — Wie lange? — Wo? — Mit wem?

| eine Stunde | im Park | mit Lulu | am Morgen |

Elsa läuft am Morgen eine Stunde im Park mit Lulu.

Mit wem? — Wann? — Wie lange? — Wohin?

| kurz | mit Elsa | in den Stall | am Abend |

Lola geht mit Elsa am Abend kurz in den Stall.

› sprachliche Operationen kennen und nutzen: Erweitern
› grundlegende sprachliche Begriffe erkennen: Satzglied
› Strukturen von Sätzen erkennen: Satzglied

5

Seite 6

Lesen und Texte verfassen
Einen Sachtext verstehen

Du kannst zum Markieren der Informationen die Zettelfarben von Seite 7 verwenden.

1 Lies den Text.

Die Wüstenrennmaus

Herkunft
Wüstenrennmäuse kommen aus Asien und sind vor allem in der Mongolei aber auch in China zu finden.

Aussehen
Sie erreichen eine Größe von 10–12cm und ein Gewicht vom 80–120g. Das Bauchfell ist weiß, das übrige Fell ist braun. Die Wüstenrennmaus hat große schwarze Augen und winzige braune Ohren.

Lebensweise
Wüstenrennmäuse können bis zu vier Jahre alt werden. Sie leben in Gruppen zusammen und sind nachtaktiv. Sie halten sich am liebsten im hohen Gras oder in Gängen und Höhlen auf, die sie in die Erde graben.

Nachwuchs
Wüstenrennmäuse gehören zu den Säugetieren. Das Weibchen ist 21–28 Tage trächtig und kann zwischen vier und zwölf Jungtiere bekommen. Die Paarungszeit ist von Februar bis August.

Feinde
Wüstenrennmäuse sind Beutetiere. Das heißt, sie müssen sich vor Greifvögeln, dem Fuchs, dem Wiesel und dem Wolf in Acht nehmen.

2 Was stimmt? Was stimmt nicht? Kreise den Buchstaben ein.

	👍	👎
Wüstenrennmäuse kommen aus Amerika.	H	**G**
Sie haben ein Gewicht von bis zu 120g.	**E**	I
Sie haben große schwarze Ohren.	T	**R**
Wüstenrennmäuse sind tagsüber unterwegs.	S	**B**
Wüstenrennmäuse leben in Gruppen.	**I**	L
Die Paarungszeit endet im Februar.	N	**L**

Wüstenrennmäuse werden auch G E R B I L genannt.

› sinnentnehmend lesen
› Aussagen zu einem Text überprüfen

6

Seite 7

Lesen und Texte verstehen
Ein Lapbook zu einem Sachtext schreiben

3 Ordne die Zwischenüberschriften den Absätzen zu. Schreibe auf die Linien.

Lebensweise   Aussehen   Herkunft   Feinde   Nachwuchs

4 Markiere in den Absätzen die wichtigen Informationen.

5 Fülle die Zettel für das Lapbook aus. Notiere Stichpunkte.

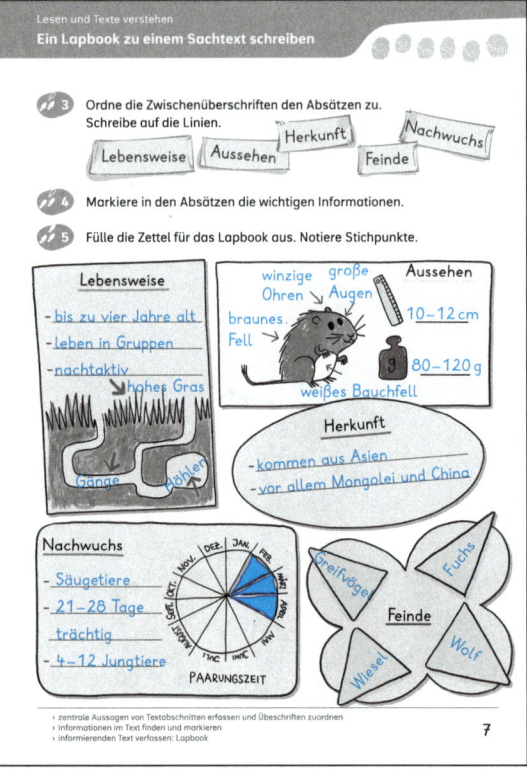

Lebensweise
- bis zu vier Jahre alt
- leben in Gruppen
- nachtaktiv
- hohes Gras
- Gänge   Höhlen

Aussehen
winzige Ohren   große Augen
braunes Fell
10–12 cm
80–120 g
weißes Bauchfell

Herkunft
- kommen aus Asien
- vor allem Mongolei und China

Nachwuchs
- Säugetiere
- 21–28 Tage trächtig
- 4–12 Jungtiere
PAARUNGSZEIT

Feinde
Greifvögel   Fuchs   Wiesel   Wolf

› zentrale Aussagen von Textabschnitten erfassen und Überschriften zuordnen
› Informationen im Text finden und markieren
› informierenden Text verfassen: Lapbook

7

TEAM LUPE ERMITTELT – Deutsch 3 FORDERN – LÖSUNGEN

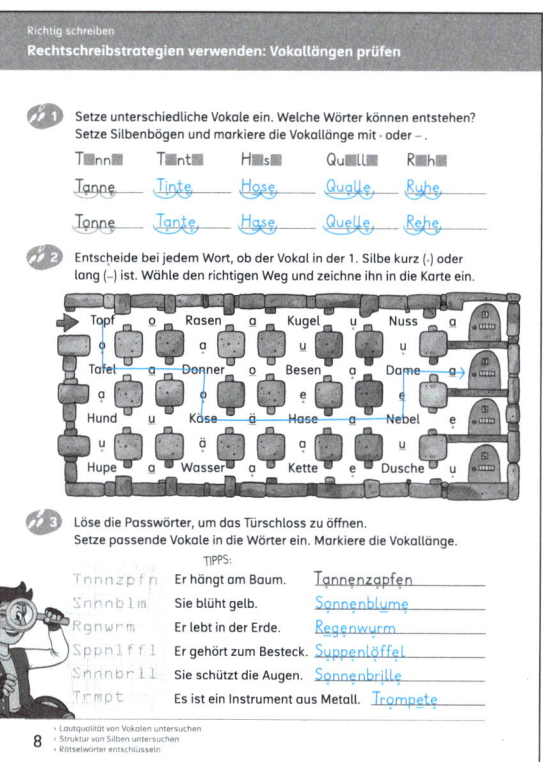

Richtig schreiben
Rechtschreibstrategien verwenden: Vokallängen prüfen

1 Setze unterschiedliche Vokale ein. Welche Wörter können entstehen? Setze Silbenbögen und markiere die Vokallänge mit · oder –.

T_nn_	T_nt_	H_s_	Qu_ll_	R_h_
Tanne	Tinte	Hase	Quelle,	Ruhe
Tonne	Tante,	Hose	Quelle	Rehe

2 Entscheide bei jedem Wort, ob der Vokal in der 1. Silbe kurz (·) oder lang (–) ist. Wähle den richtigen Weg und zeichne ihn in die Karte ein.

Topf o, Rasen a, Kugel u, Nuss a
Tafel a, Donner o, Besen e, Dame a
Hund u, Käse ä, Hase a, Nebel e
Hupe u, Wasser a, Kette e, Dusche u

3 Löse die Passwörter, um das Türschloss zu öffnen. Setze passende Vokale in die Wörter ein. Markiere die Vokallänge.

TIPPS:

T_nn_nz_pf_n	Er hängt am Baum.	Tannenzapfen
S_nn_nbl_m	Sie blüht gelb.	Sonnenblume
R_g_nw_rm	Er lebt in der Erde.	Regenwurm
S_pp_nl_ff_l	Er gehört zum Besteck.	Suppenlöffel
S_nn_nbr_ll	Sie schützt die Augen.	Sonnenbrille
Tr_mp_t	Es ist ein Instrument aus Metall.	Trompete

› Lautqualität von Vokalen untersuchen
› Struktur von Silben untersuchen
› Rätselwörter entschlüsseln

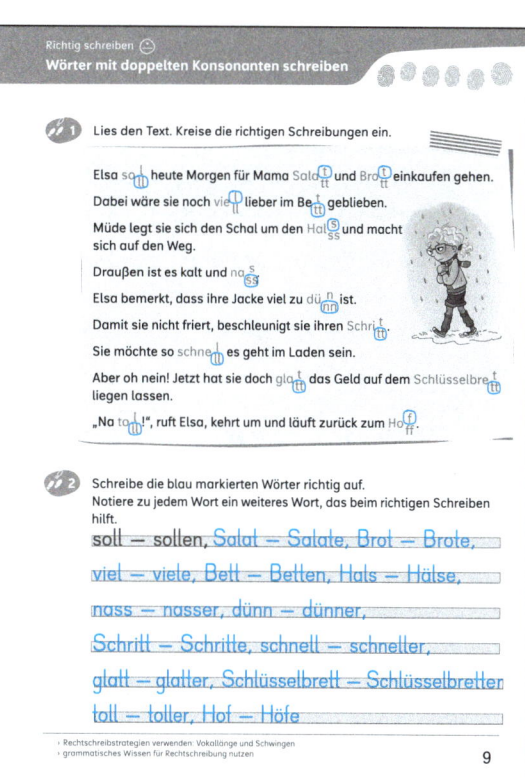

Richtig schreiben
Wörter mit doppelten Konsonanten schreiben

1 Lies den Text. Kreise die richtigen Schreibungen ein.

Elsa soll heute Morgen für Mama Salat und Brot einkaufen gehen.

Dabei wäre sie noch viel lieber im Bett geblieben.

Müde legt sie sich den Schal um den Hals und macht sich auf den Weg.

Draußen ist es kalt und nass.

Elsa bemerkt, dass ihre Jacke viel zu dünn ist.

Damit sie nicht friert, beschleunigt sie ihren Schritt.

Sie möchte so schnell es geht im Laden sein.

Aber oh nein! Jetzt hat sie doch glatt das Geld auf dem Schlüsselbrett liegen lassen.

„Na toll!", ruft Elsa, kehrt um und läuft zurück zum Hof.

2 Schreibe die blau markierten Wörter richtig auf. Notiere zu jedem Wort ein weiteres Wort, das beim richtigen Schreiben hilft.

soll – sollen, Salat – Salate, Brot – Brote,
viel – viele, Bett – Betten, Hals – Hälse,
nass – nasser, dünn – dünner,
Schritt – Schritte, schnell – schneller,
glatt – glatter, Schlüsselbrett – Schlüsselbretter,
toll – toller, Hof – Höfe

› Rechtschreibstrategien verwenden: Vokallänge und Schwingen
› grammatisches Wissen für Rechtschreibung nutzen

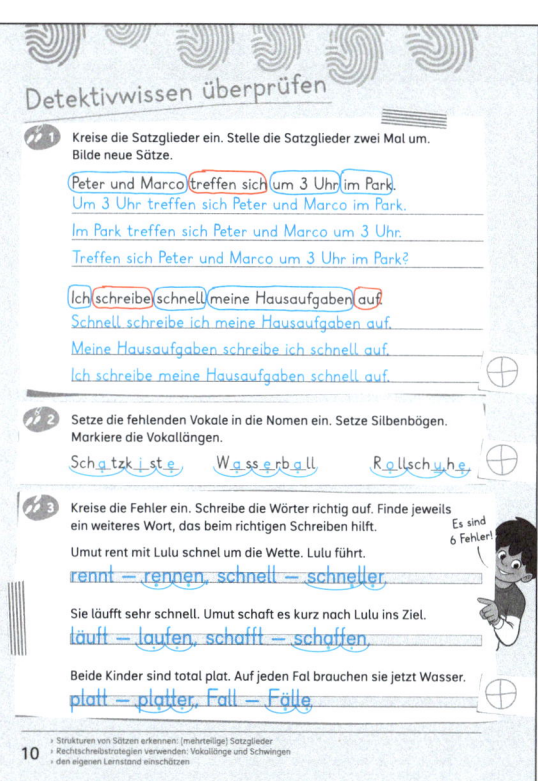

Detektivwissen überprüfen

1 Kreise die Satzglieder ein. Stelle die Satzglieder zwei Mal um. Bilde neue Sätze.

Peter und Marco treffen sich um 3 Uhr im Park.
Um 3 Uhr treffen sich Peter und Marco im Park.
Im Park treffen sich Peter und Marco um 3 Uhr.
Treffen sich Peter und Marco um 3 Uhr im Park?

Ich schreibe schnell meine Hausaufgaben auf.
Schnell schreibe ich meine Hausaufgaben auf.
Meine Hausaufgaben schreibe ich schnell auf.
Ich schreibe meine Hausaufgaben schnell auf.

2 Setze die fehlenden Vokale in die Nomen ein. Setze Silbenbögen. Markiere die Vokallängen.

Schatzkiste   Wasserball   Rollschuhe

3 Kreise die Fehler ein. Schreibe die Wörter richtig auf. Finde jeweils ein weiteres Wort, das beim richtigen Schreiben hilft.

Es sind 6 Fehler!

Umut rent mit Lulu schnel um die Wette. Lulu führt.

rennt – rennen, schnell – schneller

Sie läufft sehr schnell. Umut schaft es kurz nach Lulu ins Ziel.

läuft – laufen, schafft – schaffen

Beide Kinder sind total platt. Auf jeden Fal brauchen sie jetzt Wasser.

platt – platter, Fall – Fälle

› Strukturen von Sätzen erkennen: (mehrteilige) Satzglieder
› Rechtschreibstrategien verwenden: Vokallänge und Schwingen
› den eigenen Lernstand einschätzen

Spurensicherung: Der 1. Hinweis!

Paul fotografiert mit dem Team-Tablet das Plakat. Dann fahren die Freunde durch den Stadtpark. Sie halten Augen und Ohren offen, sehen aber leider nur ein paar Spatzen. Lulu stellt fest:
„Wir brauchen mehr Infos. Wo genau ist Rico verschwunden? Und wann?"
Sie fahren schnell zu Umut und rufen Pia an.
Elsa sagt: „Hallo Pia! Wir haben dein Suchplakat gesehen. Wir sind Detektive und wollen dir helfen, Rico wiederzufinden."
Pia antwortet: „Das ist ja toll, danke!"
TEAM LUPE bespricht alle Fragen mit Pia.
Am Schluss will Lulu wissen, ob Rico zutraulich ist.
Pia seufzt: „Ja, leider. Er hat gar keine Scheu vor Menschen. Er quatscht jeden an."

Wo? Wann?

? Rico kann sprechen. Was sagt er besonders gern? Lies von rechts nach links.

!reh la mm oK

☐ Komm nur her!   ☒ Komm mal her!
1a   1b

Komm nur her! F   Komm mal her! K

Sprache untersuchen
Satzschlusszeichen und wörtliche Rede

1 Trenne die Wörter in der E-Mail durch Striche. Schreibe die Sätze auf. Achte auf die Satzschlusszeichen.

HalloMiaWiegehtesdirMirgehtesgutWirhabenbaldFerienHastduauchbaldfrei

Hallo Mia! Wie geht es dir?

Mir geht es gut. Wir haben bald Ferien.

Hast du auch bald frei?

2 Ergänze die Satzschlusszeichen.

Was liegt denn da?

Murmel, gib Acht!

Lasst uns auf die andere Straßenseite gehen.

3 Übertrage die Sätze aus Aufgabe 2 in einen Text mit wörtlicher Rede.

Die Kinder sind mit Murmel unterwegs.

Auf einmal fragt Elsa: „Was liegt denn da?"

Paul schaut auf den Boden.

Schnell ruft er: „Murmel, gib Acht!"

Dann schlägt Umut vor: „Lasst uns auf die andere Straßenseite gehen."

› Satz als Sinneinheit erkennen
› Satzschlusszeichen kennen und anwenden
› Satzzeichen setzen: Zeichen der wörtlichen Rede

Sprache untersuchen
Satzschlusszeichen und wörtliche Rede

1 Lies die Geschichte. Ergänze die Satzschlusszeichen, Doppelpunkte und Anführungszeichen.

Elsa und Lulu sind auf dem Spielplatz. Sie sitzen auf der Schaukel und plaudern. Da kommt ein kleiner Junge angelaufen. Er hat Tränen in den Augen. Was ist bloß geschehen? Lulu fragt: „Was hast du denn?" Der Junge schnieft und antwortet: „Ich habe meinen Haustürschlüssel im Sandkasten verloren. Könnt ihr mir suchen helfen?" Elsa und Lulu nicken und rufen: „Na klar, wir helfen dir!" Gemeinsam gehen die drei Kinder zum Sandkasten. Dort hat der Junge noch seine Schaufel und ein Plastiksieb liegen. Elsa hält das Sieb fest und Lulu schaufelt den Sand hinein. Werden sie den Schlüssel finden? Es dauert eine Weile, aber dann ruft Elsa: „Juchu, da ist der Schlüssel!" Der kleine Junge lacht erleichtert und meint: „Vielen Dank, dass ihr mir geholfen habt. Das war sehr nett von euch."

2 Ergänze ?, ! und . passend zu den beschriebenen Situationen.

Umut ist verärgert, weil sich ein anderes Kind vordrängelt.

Ich bin dran!

Umut ist überrascht, dass er beim Spiel an der Reihe ist.

Ich bin dran?

Umut antwortet Paul, dass er nun mit Würfeln dran ist.

Ich bin dran.

› Satzschlusszeichen und Zeichen der wörtlichen Rede kennen und anwenden
› Funktion unterschiedlicher Satzarten nutzen und passende Satzschlusszeichen setzen

---

Sprache untersuchen
Begleitsätze korrigieren

1 Kreise die Verben zum Wortfeld **sprechen** ein. Setze die Verben an die jeweils richtige Stelle.

In diesem Text sind die Verben durcheinander geraten.

Elsa, Paul, Lulu und Umut stehen an der Kinokasse an.

jubelt
Umut erklärt: „Juchu! Ich freue mich schon so auf den Film!"

sagt
Lulu jammert zur Kassiererin: „Wir hätten gerne vier Karten."

fragt
Die Kassiererin sagt: „Wollt ihr lieber vorne oder hinten sitzen?"

antwortet
Lulu fragt: „Bitte weiter vorne, wenn es geht."

Danach kaufen die vier Kinder Popcorn.

jammert
Ein kleiner Junge sieht das und flüstert laut: „Ich will auch Popcorn haben!"

erklärt
Seine Mutter jubelt: „Das geht nicht. Du hattest schon eine ganze Tüte."

Der Junge stampft unzufrieden mit dem Fuß auf.

flüstert
Umut beugt sich grinsend zu Paul und antwortet: „So war ich früher auch."

› grundlegende sprachliche Begriffe kennen: Wortfeld
› Bedeutungsunterschiede der Verben im Wortfeld „sprechen" erfassen

---

Sprache untersuchen und Texte verfassen
Einen Comic gestalten und verschriften

1 Betrachte den Comic genau.

Blubb blubb

Knack

Wau wau

Wusch

2 Trage die Klangwörter passend in den Comic ein.

Wau wau   Blubb blubb   Knack   Wusch

3 Ergänze im Text die wörtliche Rede passend zum Comic. Folgende Wörter sollen vorkommen:
Limo+lecker   Geräusch+komisch   Uno+Murmel+schneller

Murmel und Uno rennen freudig hinter Paul her. Paul ruft den Hunden zu: „Uno, Murmel lauft schneller!"
Lulu und Elsa haben sich etwas zu trinken gekauft. Lulu schaut Elsa zu und meint lachend: „Die Limo ist aber lecker."
Umut achtet nicht auf den Weg. Auf einmal tritt er auf etwas und fragt sich: „Was war das für ein komisches Geräusch?"

› Textsorten kennen und verstehen: Comic
› Fachbegriffe zur Textsorte Comic kennen
› wörtliche Reden nach Anregung schreiben

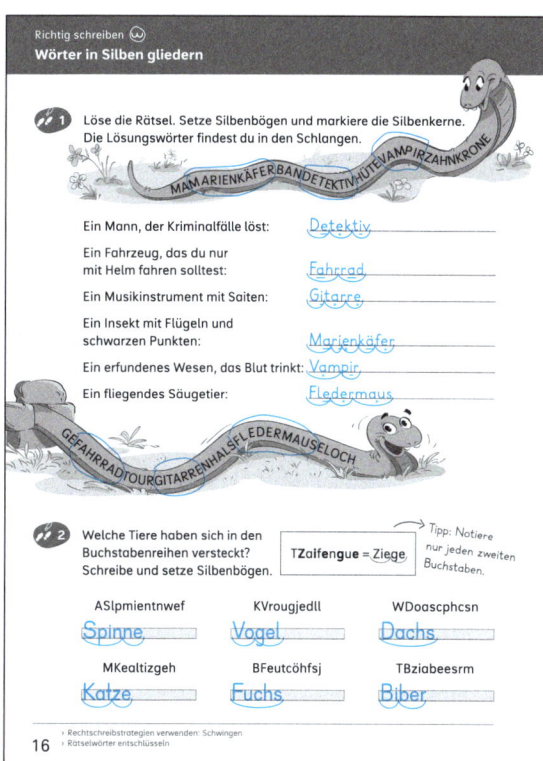

Richtig schreiben
Wörter in Silben gliedern

1 Löse die Rätsel. Setze Silbenbögen und markiere die Silbenkerne.
Die Lösungswörter findest du in den Schlangen.

MAMARIENKÄFERBANDETEKTIVHUTEVAMPIRZAHNKRONE

Ein Mann, der Kriminalfälle löst: **Detektiv**

Ein Fahrzeug, das du nur mit Helm fahren solltest: **Fahrrad**

Ein Musikinstrument mit Saiten: **Gitarre**

Ein Insekt mit Flügeln und schwarzen Punkten: **Marienkäfer**

Ein erfundenes Wesen, das Blut trinkt: **Vampir**

Ein fliegendes Säugetier: **Fledermaus**

GEFAHRRADTOURGITARRENHALSFLEDERMAUSELOCH

2 Welche Tiere haben sich in den Buchstabenreihen versteckt? Schreibe und setze Silbenbögen.

Tipp: Notiere nur jeden zweiten Buchstaben.

TZaifengue = Ziege

ASlpmientnwef	KVrougjedll	WDoascphcsn
Spinne	**Vogel**	**Dachs**

MKealtizgeh	BFeutcöhfsj	TBziabeesrm
Katze	**Fuchs**	**Biber**

16
› Rechtschreibstrategien verwenden: Schwingen
› Rätselwörter entschlüsseln

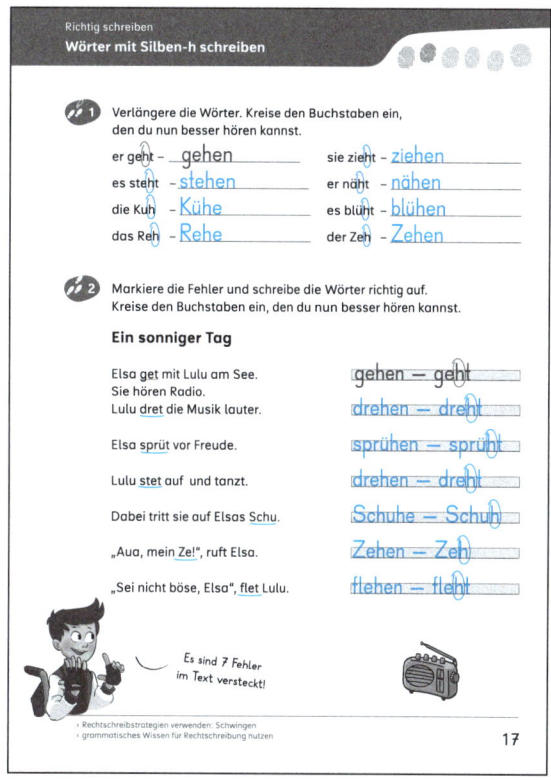

Richtig schreiben
Wörter mit Silben-h schreiben

1 Verlängere die Wörter. Kreise den Buchstaben ein, den du nun besser hören kannst.

er geht	**gehen**	sie zieht	**ziehen**
es steht	**stehen**	er näht	**nähen**
die Kuh	**Kühe**	es blüht	**blühen**
das Reh	**Rehe**	der Zeh	**Zehen**

2 Markiere die Fehler und schreibe die Wörter richtig auf. Kreise den Buchstaben ein, den du nun besser hören kannst.

Ein sonniger Tag

Elsa get mit Lulu am See.
Sie hören Radio.
Lulu dret die Musik lauter.

Elsa sprüt vor Freude.

Lulu stet auf und tanzt.

Dabei tritt sie auf Elsas Schu.

„Aua, mein Ze!", ruft Elsa.

„Sei nicht böse, Elsa", flet Lulu.

gehen – geht
drehen – dreht
sprühen – sprüht
drehen – dreht
Schuhe – Schuh
Zehen – Zeh
flehen – fleht

Es sind 7 Fehler im Text versteckt!

17
› Rechtschreibstrategien verwenden: Schwingen
› grammatisches Wissen für Rechtschreibung nutzen

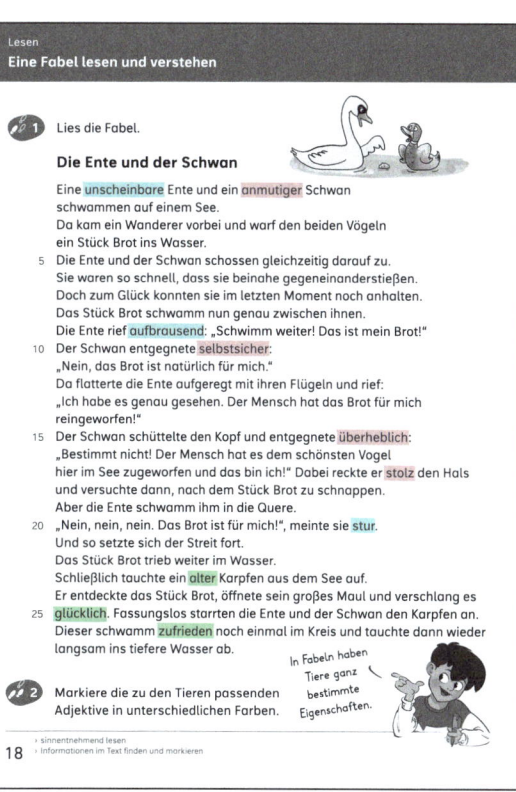

Lesen
Eine Fabel lesen und verstehen

1 Lies die Fabel.

Die Ente und der Schwan

Eine unscheinbare Ente und ein anmutiger Schwan
schwammen auf einem See.
Da kam ein Wanderer vorbei und warf den beiden Vögeln
ein Stück Brot ins Wasser.
5 Die Ente und der Schwan schossen gleichzeitig darauf zu.
Sie waren so schnell, dass sie beinahe gegeneinanderstießen.
Doch zum Glück konnten sie im letzten Moment noch anhalten.
Das Stück Brot schwamm nun genau zwischen ihnen.
Die Ente rief aufbrausend: „Schwimm weiter! Das ist mein Brot!"
10 Der Schwan entgegnete selbstsicher:
„Nein, das Brot ist natürlich für mich."
Da flatterte die Ente aufgeregt mit ihren Flügeln und rief:
„Ich habe es genau gesehen. Der Mensch hat das Brot für mich
reingeworfen!"
15 Der Schwan schüttelte den Kopf und entgegnete überheblich:
„Bestimmt nicht! Der Mensch hat es dem schönsten Vogel
hier im See zugeworfen und das bin ich!" Dabei reckte er stolz den Hals
und versuchte dann, nach dem Stück Brot zu schnappen.
Aber die Ente schwamm ihm in die Quere.
20 „Nein, nein, nein. Das Brot ist für mich!", meinte sie stur.
Und so setzte sich der Streit fort.
Das Stück Brot trieb weiter im Wasser.
Schließlich tauchte ein alter Karpfen aus dem See auf.
Er entdeckte das Stück Brot, öffnete sein großes Maul und verschlang es
25 glücklich. Fassungslos starrten die Ente und der Schwan den Karpfen an.
Dieser schwamm zufrieden noch einmal im Kreis und tauchte dann wieder
langsam ins tiefere Wasser ab.

In Fabeln haben Tiere ganz bestimmte Eigenschaften.

2 Markiere die zu den Tieren passenden Adjektive in unterschiedlichen Farben.

18
› sinnentnehmend lesen
› Informationen im Text finden und markieren

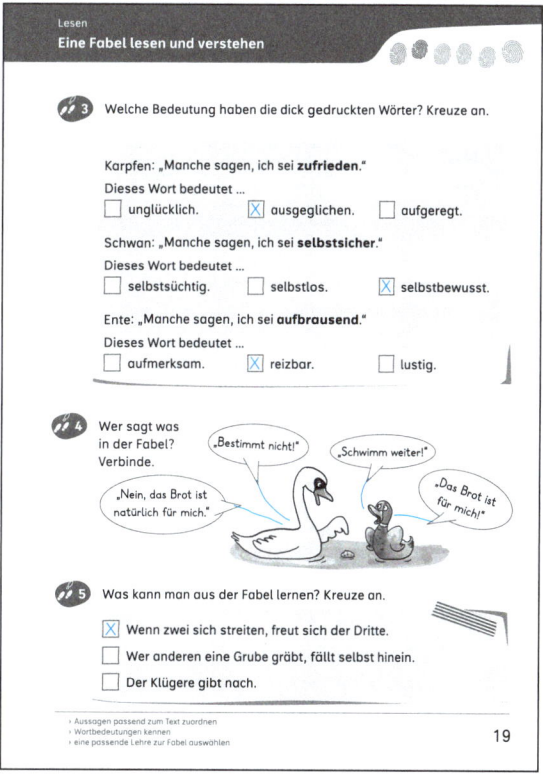

Lesen
Eine Fabel lesen und verstehen

3 Welche Bedeutung haben die dick gedruckten Wörter? Kreuze an.

Karpfen: „Manche sagen, ich sei **zufrieden**."
Dieses Wort bedeutet …
☐ unglücklich. ☒ ausgeglichen. ☐ aufgeregt.

Schwan: „Manche sagen, ich sei **selbstsicher**."
Dieses Wort bedeutet …
☐ selbstsüchtig. ☐ selbstlos. ☒ selbstbewusst.

Ente: „Manche sagen, ich sei **aufbrausend**."
Dieses Wort bedeutet …
☐ aufmerksam. ☒ reizbar. ☐ lustig.

4 Wer sagt was in der Fabel? Verbinde.

„Bestimmt nicht!" „Schwimm weiter!"

„Nein, das Brot ist natürlich für mich." „Das Brot ist für mich!"

5 Was kann man aus der Fabel lernen? Kreuze an.

☒ Wenn zwei sich streiten, freut sich der Dritte.
☐ Wer anderen eine Grube gräbt, fällt selbst hinein.
☐ Der Klügere gibt nach.

19
› Aussagen passend zum Text zuordnen
› Wortbedeutungen kennen
› eine passende Lehre zur Fabel auswählen

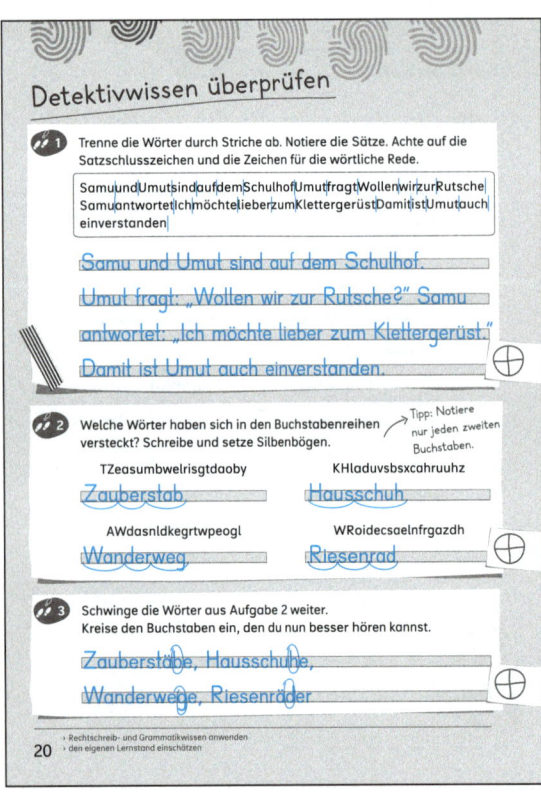

Detektivwissen überprüfen

1 Trenne die Wörter durch Striche ab. Notiere die Sätze. Achte auf die Satzschlusszeichen und die Zeichen für die wörtliche Rede.

SamuundUmutsindaufdemSchulhofUmutfragtWollenwirzurRutsche SamuantwortetIchmöchtelieberzumKlettergerüstDamitistUmutauch einverstanden

Samu und Umut sind auf dem Schulhof.
Umut fragt: „Wollen wir zur Rutsche?" Samu
antwortet: „Ich möchte lieber zum Klettergerüst."
Damit ist Umut auch einverstanden.

2 Welche Wörter haben sich in den Buchstabenreihen versteckt? Schreibe und setze Silbenbögen.

> Tipp: Notiere nur jeden zweiten Buchstaben.

TZeasumbwelrisgtdaoby
Zauberstab

KHladuvsbsxcahruuhz
Hausschuh

AWdasnldkegrtwpeogl
Wanderweg

WRoidecsaelnfrgazdh
Riesenrad

3 Schwinge die Wörter aus Aufgabe 2 weiter. Kreise den Buchstaben ein, den du nun besser hören kannst.

Zauberstäbe, Hausschuhe,
Wanderwege, Riesenräder

› Rechtschreib- und Grammatikwissen anwenden
› den eigenen Lernstand einschätzen

Spurensicherung: Der 2. Hinweis!

TEAM LUPE hat herausgefunden, dass Rico also immer „Komm mal her!", ruft und damit Leute anlockt.
Pia erzählt noch mehr von ihm.
Rico war mit drei grauen Papageien in einer großen Voliere im Garten. Die anderen Vögel sind alle noch da.
Elsa fragt: „Dürfen wir uns diese Voliere mal ansehen?"
„Ja, gerne. Kommt einfach vorbei", sagt Pia.
Lulu, Umut, Paul und Elsa fahren sofort hin.
Schon von Weitem hören sie die Papageien krächzen.
Die Voliere ist ein großer Käfig. Darin können die Vögel fliegen.
„Das sind Fritz, Emmi und Peter", erklärt Pia.
„Ich bin schön!", ruft Peter. Alle lachen.
Dann ruft Umut plötzlich ganz aufgeregt „Seht mal, da!"

Ich bin schön!

? Umut zeigt auf die Voliere. Was hat er entdeckt?

[X] ein Loch **2a**   ☐ eine offene Tür **2b**

ö   e

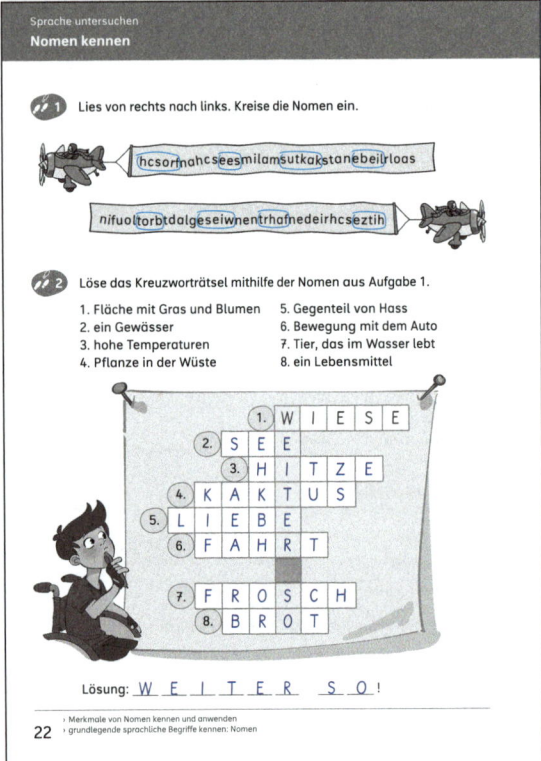

Sprache untersuchen
Nomen kennen

1 Lies von rechts nach links. Kreise die Nomen ein.

hcsorfnahcseesmilamsutkakstanebeirloas

nifuoltorbtdalgeseiwnentrhafnedeirhcseztih

2 Löse das Kreuzworträtsel mithilfe der Nomen aus Aufgabe 1.

1. Fläche mit Gras und Blumen
2. ein Gewässer
3. hohe Temperaturen
4. Pflanze in der Wüste
5. Gegenteil von Hass
6. Bewegung mit dem Auto
7. Tier, das im Wasser lebt
8. ein Lebensmittel

1. W I E S E
2. S E E
3. H I T Z E
4. K A K T U S
5. L I E B E
6. F A H R T
7. F R O S C H
8. B R O T

Lösung: W E I T E R S O !

› Merkmale von Nomen kennen und anwenden
› grundlegende sprachliche Begriffe kennen: Nomen

Sprache untersuchen
Zusammengesetzte Nomen bilden

1 Bilde zusammengesetzte Nomen. Achte auf den Artikel.

> Bei manchen zusammengesetzten Nomen musst du ein Fugen-s oder ein Fugen-n einfügen.

Wald   Erdbeere   Feld

der Wald
die Walderdbeere
das Walderdbeerenfeld

Blume   Vase   Muster

die Blume
die Blumenvase
das Blumenvasenmuster

Geburt   Tag   Kuchen

die Geburt
der Geburtstag
der Geburtstagskuchen

2 Markiere das Fugen-s und das Fugen-n in Aufgabe 1.

› Merkmale von Komposita kennen
› Fugenlaute kennen und markieren

© Westermann Gruppe

---

1 Bilde neue Wörter.
Trage sie in die richtige Spalte ein.

Mit den blauen Karten kannst du mehrere Wörter bilden.

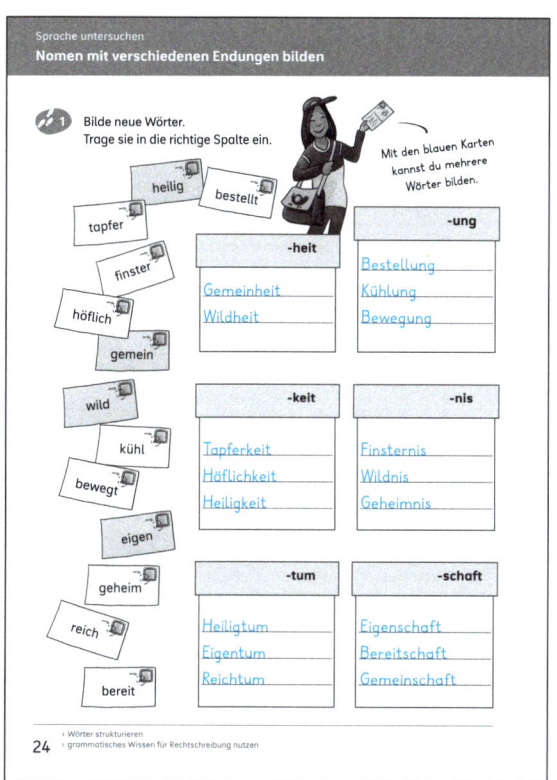

heilig · bestellt · tapfer · finster · höflich · gemein · wild · kühl · bewegt · eigen · geheim · reich · bereit

-heit	**-ung**
Gemeinheit	Bestellung
Wildheit	Kühlung
	Bewegung

-keit	**-nis**
Tapferkeit	Finsternis
Höflichkeit	Wildnis
Heiligkeit	Geheimnis

-tum	**-schaft**
Heiligtum	Eigenschaft
Eigentum	Bereitschaft
Reichtum	Gemeinschaft

---

2 Bilde neue Wörter. Trage die Wörter in das Gitterrätsel ein.

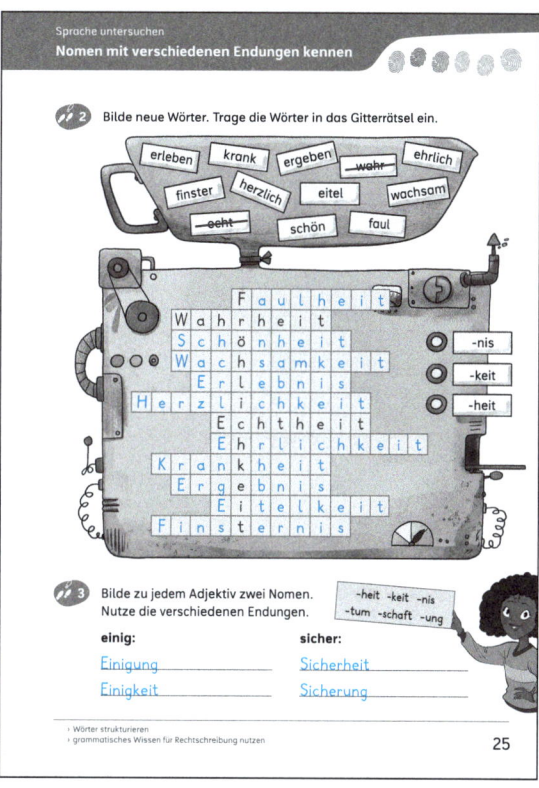

erleben · krank · ergeben · wahr · ehrlich · finster · herzlich · eitel · wachsam · echt · schön · faul

	F	a	u	l	h	e	i	t	
W	a	h	r	h	e	i	t		
S	c	h	ö	n	h	e	i	t	
W	a	c	h	s	a	m	k	e	i	t
	E	r	l	e	b	n	i	s	
H	e	r	z	l	i	c	h	k	e	i	t
	E	c	h	t	h	e	i	t	
		E	h	r	l	i	c	h	k	e	i	t
K	r	a	n	k	h	e	i	t	
	E	r	g	e	b	n	i	s	
	E	i	t	e	l	k	e	i	t	
F	i	n	s	t	e	r	n	i	s	

-nis · -keit · -heit

3 Bilde zu jedem Adjektiv zwei Nomen.
Nutze die verschiedenen Endungen.

-heit · -keit · -nis · -tum · -schaft · -ung

einig:
Einigung
Einigkeit

sicher:
Sicherheit
Sicherung

---

1 Sieh dir die Abbildung genau an.

Haube · Schnabel · oberer Rücken · Kehle · unterer Rücken · Schwanzfeder · Beine

2 Ergänze den Text. Nutze die Abbildung als Hilfe.

Ein farbenprächtiger Vogel

Der männliche Goldfasan ist ein farbenprächtiges Tier.
Seine Augen sind innen schwarz und außen hellgelb.
Im Bereich des Gesichts hat der Goldfasan keine Federn.
Es ist hellbraune Haut zu sehen. Der leicht gebogene
gelbe ___Schnabel___ ist kurz und spitz.

Auf dem Kopf hat der Goldfasan eine ___Haube___ aus
langen goldgelben Federn. Am Hinterkopf schließen sich
breite fast rechteckige goldgelbe Federn mit schwarzen
Rändern an. Sie liegen wie ein Kragen um den Kopf des
Goldfasans und reichen ihm bis zum ___oberen___
___Rücken___. Im Anschluss folgen noch mehrere Reihen
türkisblauer Federn.

---

3 Male das Bild auf Seite 26 passend zum Text an.

Im Bereich des **unteren Rückens** finden sich dünne gelbe
Federn, die an den Spitzen rot sind.

Unter den dünnen gelben Federn ragen vier längere
orangerote Federn hervor.

Die ansonsten schwarzen **Schwanzfedern** haben viele kleine
braune Flecken.

Das Gefieder auf der Vorderseite ist von der **Kehle** oben bis
zu den **Beinen** orangerot. Die **Beine** haben die gleiche Farbe
wie der Schnabel.

4 Was stimmt? Was stimmt nicht? Was steht nicht im Text? Kreuze an.

	👍	👎	👁
Der weibliche Goldfasan ist ein farbenprächtiges Tier.			X
Im Gesicht hat der Goldfasan keine Federn.	X		
Die Gesichtshaut ist dunkelbraun.		X	
Der Schnabel ist zwei Zentimeter lang.			X
Die Federn der Haube sind goldgelb.	X		
Die Federn am Hinterkopf sind fast dreieckig.		X	
Die Federn des unteren Rückens sind sehr weich.			X
Die Schwanzfedern sind alle gleich lang.			X
Die Beine haben die gleiche Farbe wie der Schnabel.	X		

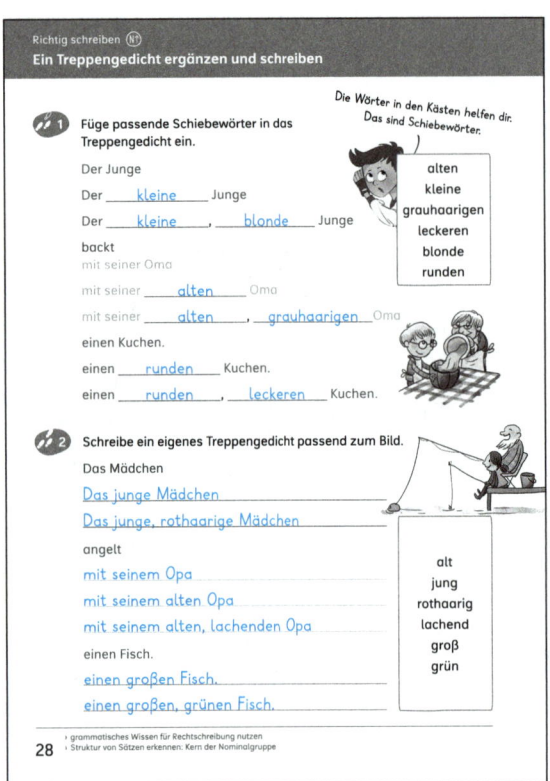

Richtig schreiben (N1)
Ein Treppengedicht ergänzen und schreiben

Die Wörter in den Kästen helfen dir. Das sind Schiebewörter.

1 Füge passende Schiebewörter in das Treppengedicht ein.

Der Junge

Der _____kleine_____ Junge

Der _____kleine_____, _____blonde_____ Junge

backt
mit seiner Oma

mit seiner _____alten_____ Oma

mit seiner _____alten_____, _____grauhaarigen_____ Oma

einen Kuchen.

einen _____runden_____ Kuchen.

einen _____runden_____, _____leckeren_____ Kuchen.

> alten
> kleine
> grauhaarigen
> leckeren
> blonde
> runden

2 Schreibe ein eigenes Treppengedicht passend zum Bild.

Das Mädchen

Das junge Mädchen

Das junge, rothaarige Mädchen

angelt

mit seinem Opa

mit seinem alten Opa

mit seinem alten, lachenden Opa

einen Fisch.

einen großen Fisch.

einen großen, grünen Fisch.

> alt
> jung
> rothaarig
> lachend
> groß
> grün

28
› grammatisches Wissen für Rechtschreibung nutzen
› Struktur von Sätzen erkennen: Kern der Nominalgruppe

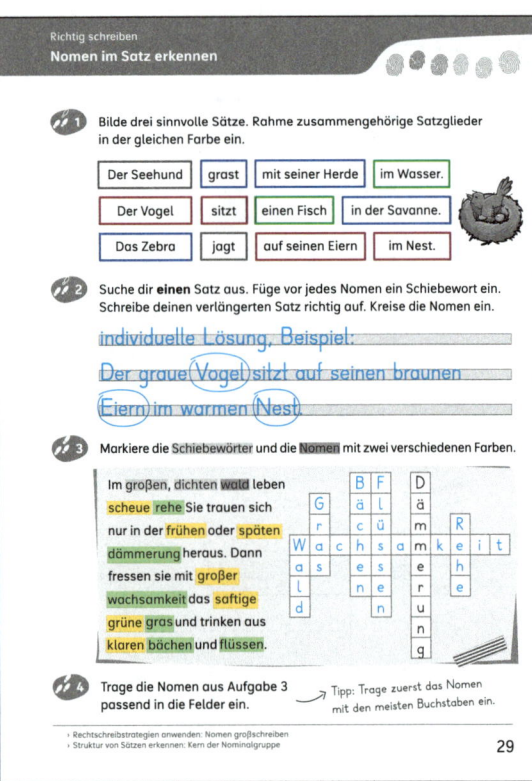

Richtig schreiben
Nomen im Satz erkennen

1 Bilde drei sinnvolle Sätze. Rahme zusammengehörige Satzglieder in der gleichen Farbe ein.

Der Seehund	grast	mit seiner Herde	im Wasser.
Der Vogel	sitzt	einen Fisch	in der Savanne.
Das Zebra	jagt	auf seinen Eiern	im Nest.

2 Suche dir **einen** Satz aus. Füge vor jedes Nomen ein Schiebewort ein. Schreibe deinen verlängerten Satz richtig auf. Kreise die Nomen ein.

individuelle Lösung, Beispiel:

Der graue (Vogel) sitzt auf seinen braunen

(Eiern) im warmen (Nest)

3 Markiere die Schiebewörter und die Nomen mit zwei verschiedenen Farben.

Im großen, dichten wald leben scheue rehe Sie trauen sich nur in der frühen oder späten dämmerung heraus. Dann fressen sie mit großer wachsamkeit das saftige grüne gras und trinken aus klaren bächen und flüssen.

4 Trage die Nomen aus Aufgabe 3 passend in die Felder ein. → Tipp: Trage zuerst das Nomen mit den meisten Buchstaben ein.

29
› Rechtschreibstrategien anwenden: Nomen großschreiben
› Struktur von Sätzen erkennen: Kern der Nominalgruppe

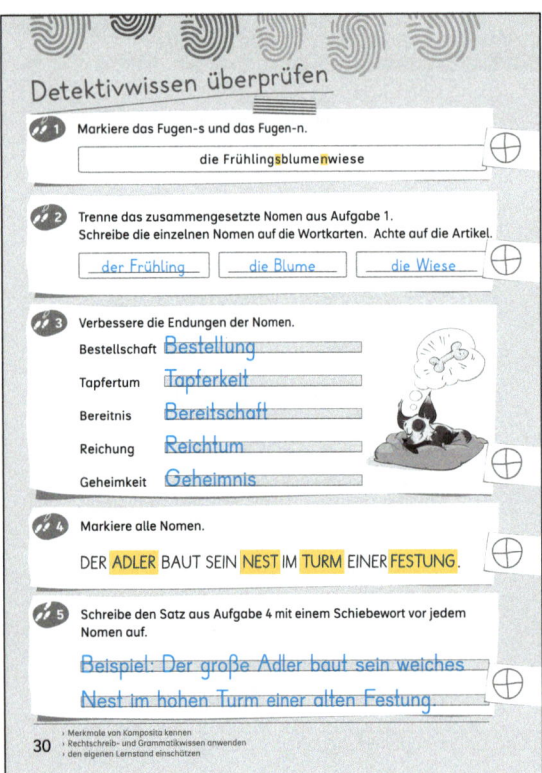

Detektivwissen überprüfen

1 Markiere das Fugen-s und das Fugen-n.

die Frühling**s**blume**n**wiese

2 Trenne das zusammengesetzte Nomen aus Aufgabe 1. Schreibe die einzelnen Nomen auf die Wortkarten. Achte auf die Artikel.

| _der Frühling_ | _die Blume_ | _die Wiese_ |

3 Verbessere die Endungen der Nomen.

Bestellschaft → _Bestellung_

Tapfertum → _Tapferkeit_

Bereitnis → _Bereitschaft_

Reichung → _Reichtum_

Geheimkeit → _Geheimnis_

4 Markiere alle Nomen.

DER ADLER BAUT SEIN NEST IM TURM EINER FESTUNG.

5 Schreibe den Satz aus Aufgabe 4 mit einem Schiebewort vor jedem Nomen auf.

Beispiel: Der große Adler baut sein weiches

Nest im hohen Turm einer alten Festung.

30
› Merkmale von Komposita kennen
› Rechtschreib- und Grammatikwissen anwenden
› den eigenen Lernstand einschätzen

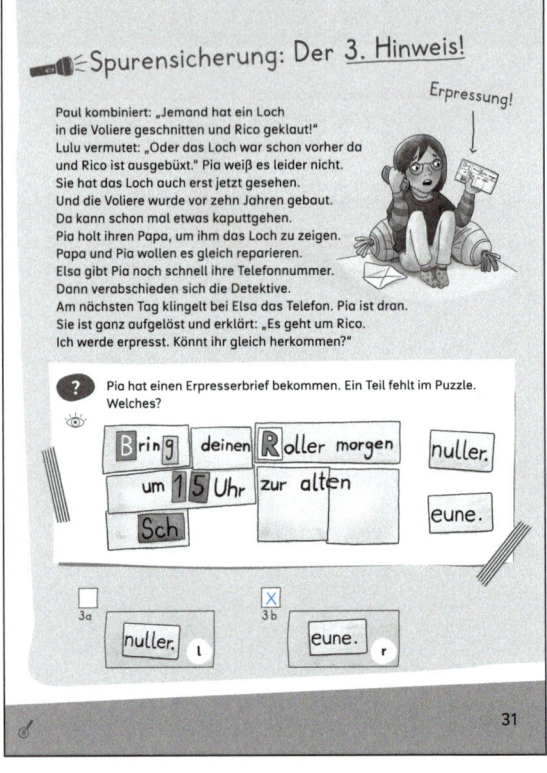

Spurensicherung: Der 3. Hinweis!

Erpressung!

Paul kombiniert: „Jemand hat ein Loch in die Voliere geschnitten und Rico geklaut!"
Lulu vermutet: „Oder das Loch war schon vorher da und Rico ist ausgebüxt." Pia weiß es leider nicht. Sie hat das Loch auch erst jetzt gesehen. Und die Voliere wurde vor zehn Jahren gebaut. Da kann schon mal etwas kaputtgehen. Pia holt ihren Papa, um ihm das Loch zu zeigen. Papa und Pia wollen es gleich reparieren. Elsa gibt Pia noch schnell ihre Telefonnummer. Dann verabschieden sich die Detektive. Am nächsten Tag klingelt bei Elsa das Telefon. Pia ist dran. Sie ist ganz aufgelöst und erklärt: „Es geht um Rico. Ich werde erpresst. Könnt ihr gleich herkommen?"

? Pia hat einen Erpresserbrief bekommen. Ein Teil fehlt im Puzzle. Welches?

Bring deinen Roller morgen um 15 Uhr zur alten Sch nuller. eune.

☐ 3a   ☒ 3b

nuller. l   eune. r

31

© Westermann Gruppe

Sprache untersuchen
Verben im Präsens konjugieren

1 Trage die Verben in den jeweiligen Personalformen im **Präsens** (Gegenwart) in die Tabelle ein.

		werden	haben	sein	können
Einzahl	1. Person ich	werde	habe	bin	kann
	2. Person du	wirst	hast	bist	kannst
	3. Person er/sie/es	wird	hat	ist	kann
Mehrzahl	1. Person wir	werden	haben	sind	können
	2. Person ihr	werdet	habt	seid	könnt
	3. Person sie	werden	haben	sind	können

2 Schreibe die richtigen Personalformen im **Präsens** auf.

geben 3. Person Einzahl: er/sie/es gibt

lassen 1. Person Einzahl: ich lasse

essen 2. Person Mehrzahl: ihr esst

gehen 1. Person Mehrzahl: wir gehen

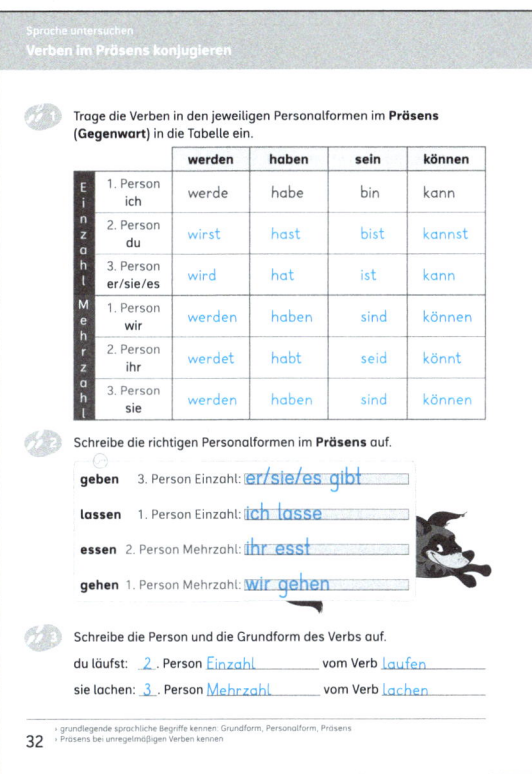

3 Schreibe die Person und die Grundform des Verbs auf.

du läufst: 2 . Person Einzahl vom Verb laufen

sie lachen: 3 . Person Mehrzahl vom Verb lachen

› grundlegende sprachliche Begriffe kennen: Grundform, Personalform, Präsens
› Präsens bei unregelmäßigen Verben kennen

32

Sprache untersuchen
Verben im Präteritum konjugieren

1 Male die Personalformen im **Präteritum (Vergangenheit)**, die zu einer Grundform gehören, in der gleiche Farbe an.

2 Schreibe die richtigen Personalformen im **Präteritum** auf.

werden 1. Person Einzahl: ich wurde

sein 2. Person Einzahl: du warst

haben 2. Person Mehrzahl: ihr hattet

helfen 2. Person Mehrzahl: ihr halft

3 Schreibe die Person und die Grundform des Verbs auf.

sie hatte: 3 . Person Einzahl vom Verb haben

wir waren: 1 . Person Mehrzahl vom Verb sein

› grundlegende sprachliche Begriffe kennen: Grundform, Personalform, Präteritum
› Präteritum bei unregelmäßigen Verben kennen

33

Sprache untersuchen
Präsens und Präteritum verwenden

1 Lies den Text. Markiere die Signalwörter im Text, die auf Präsens (Gegenwart) und Präteritum (Vergangenheit) hinweisen.

Getreideernte früher und heute

Vor hundert Jahren waren (sein) mehrere Menschen für die Getreideernte nötig. Nun schafft (schaffen) diese Arbeit ein einzelner Mensch. Damals dauerte (dauern) die Arbeit einen ganzen Tag. Heutzutage braucht (brauchen) man für die Arbeit nur etwa eine Stunde. In der damaligen Zeit schnitten (schneiden) die Menschen das Getreide von Hand mit Sensen und Sicheln ab. In der heutigen Zeit bedient (bedienen) ein einzelner Mensch eine Maschine, den sogenannten Mähdrescher. Der Mähdrescher fährt (fahren) das Feld ab und mäht (mähen) dabei das Korn. Einst banden (binden) die Menschen nach dem Mähen das abgeschnittene Getreide zu Garben und stellten (stellen) diese auf dem Feld für ein paar Tage zum Trocknen auf. Das getrocknete Getreide luden (laden) sie auf Wagen und brachten (bringen) es nach Hause. In der Scheune lösten (lösen) die Menschen dann das Korn von den Halmen. Heute schüttelt (schütteln) der Mähdrescher das Korn nach dem Mähen sofort aus den Halmen. Das Korn fällt (fallen) dann in einen Sammelbehälter.

2 Setze die Verben im **Präsens** oder im **Präteritum** ein.

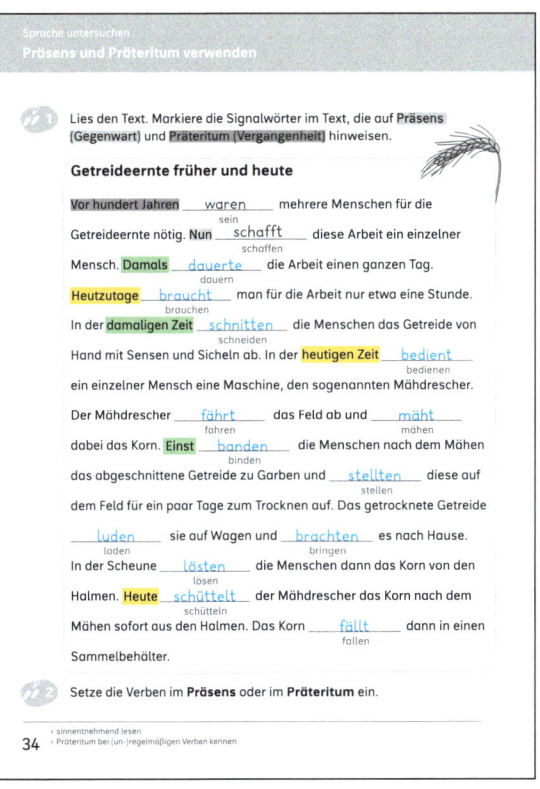

› sinnentnehmend lesen
› Präteritum bei (un-)regelmäßigen Verben kennen

34

Sprache untersuchen und Lesen
Verben im Präteritum einsetzen

1 Lies das Märchen. Setze die Verben im **Präteritum** passend ein.

erzählen laufen öffnen

Der Froschkönig

fallen

ekeln

Es war einmal eine Königstochter, der fiel beim Spielen ihre goldene Kugel in einen tiefen Brunnen. Da weinte die Königstochter viele Tränen. Dann aber hörte sie eine Stimme, die Hilfe versprach. Die Königstochter sah sich um und entdeckte auf dem Brunnenrand einen dicken, hässlichen Frosch.
Der Frosch sicherte der Königstochter zu, die goldene Kugel wieder aus dem Brunnen zu holen. Dafür sollte sie ihm versprechen, dass er von ihrem Teller essen und in ihrem Bett schlafen dürfe. Die Königstochter nickte und versprach es.

hüpfen

weinen

Aber als der Frosch die Kugel aus dem Brunnen heraufgeholt hatte, lief die Königstochter mit ihrem Spielzeug einfach davon. Am nächsten Tag kam der Frosch zum Schloss und rief: „Königstochter, jüngste, mach mir auf!" Doch das wollte die Königstochter nicht.
Da meinte ihr Vater streng, dass sie ihr Versprechen halten müsse. Also öffnete die Königstochter das Tor und der Frosch hüpfte herein.

werfen

rufen

Am Abend verlangte der Frosch, bei der Königstochter im Bett zu schlafen. Die Königstochter ekelte sich vor dem kalten Frosch. Aber ihr Vater erinnerte sie an ihr Versprechen.
So nahm die Königstochter den Frosch mit in ihr Zimmer, setzte ihn aber in eine Ecke. Doch der Frosch wollte im Bett liegen. Da packte die Königstochter den Frosch voller Zorn und warf ihn an die Wand.
Plötzlich war da kein Frosch mehr, sondern ein Königssohn. Er erzählte, dass eine böse Hexe ihn in einen Frosch verzaubert hatte. Jetzt aber war er von der Königstochter erlöst worden.

versprechen nacherzählt nach den Gebrüdern Grimm

› sinnentnehmend lesen
› Präteritum bei (un-)regelmäßigen Verben kennen

35

Lesen
Fragen zu einem Märchen beantworten

1 Wer könnte was im Märchen sagen? Verbinde.

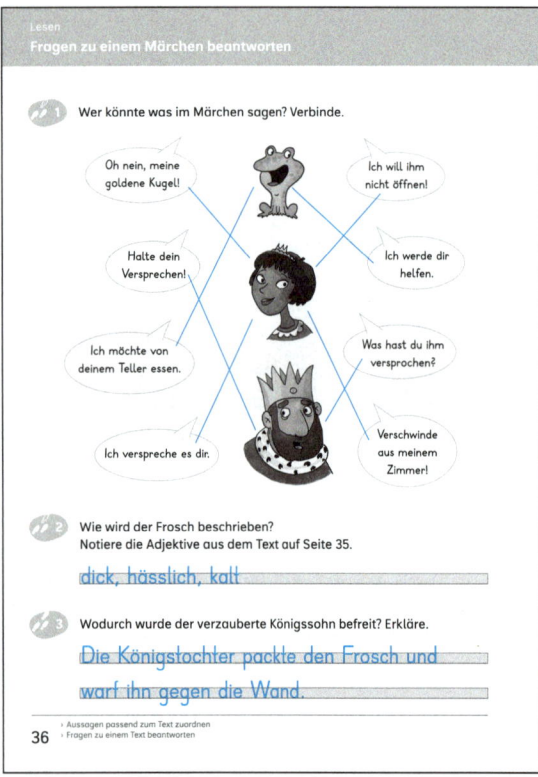

Oh nein, meine goldene Kugel!

Ich will ihm nicht öffnen!

Halte dein Versprechen!

Ich werde dir helfen.

Ich möchte von deinem Teller essen.

Was hast du ihm versprochen?

Ich verspreche es dir.

Verschwinde aus meinem Zimmer!

2 Wie wird der Frosch beschrieben?
Notiere die Adjektive aus dem Text auf Seite 35.

dick, hässlich, kalt

3 Wodurch wurde der verzauberte Königssohn befreit? Erkläre.

Die Königstochter packte den Frosch und warf ihn gegen die Wand.

Lesen und Texte verfassen
Mit einer Pro- und Kontra-Liste arbeiten

Die Kinder suchen nach einem Märchen für ihr Theaterstück. Elsa, Umut, Paul und Lulu haben Argumente zum Märchen „Der Froschkönig" gesammelt.

1 Lies dir die beiden Listen durch. In jeder Liste passt ein Argument nicht zum Märchen „Der Froschkönig". Streiche es durch.

Pro	Kontra
- wir sind vier Kinder und es gibt vier Rollen (Frosch, Königstochter, König, Königssohn)	- wir haben keinen Plüsch-Frosch
- ~~wir besitzen bereits Kostüme für die Zwerge~~	- ~~keiner wird den bösen Zauberer spielen wollen~~
- wir können die Kugel aus einem Ball und Goldfolie basteln	- ein Kind würde nur den Text des Frosches sprechen und könnte gar nicht richtig mitspielen
- es gibt Rollen mit viel oder wenig Text, falls jemand nicht so viel sagen möchte	- wir haben keine passenden Kostüme

2 Entscheide dich für eine Position. Schreibe mithilfe der Argumente eine Begründung, warum das Märchen „Der Froschkönig" für TEAM LUPE (nicht) geeignet ist.

Tipp: Du kannst so beginnen: Ich finde das Märchen „Der Froschkönig" geeignet, weil …
Ich finde das Märchen „Der Froschkönig" nicht geeignet, weil …

individuelle Lösung

Richtig schreiben
Verben und Nomen verlängern

1 Entscheide: g/k, b/p oder d/t?
Verlängere die Verben, indem du die Grundform bildest.

Grundform	Grundform
er hu**p**t (p/b) – hupen	er ban**d**t (t/d) – binden
sie trin**k**t (g/k) – trinken	sie ga**b**t (p/b) – geben
es den**k**t (g/k) – denken	es fan**d**t (t/d) – finden
er zan**k**t (g/k) – zanken	er bo**g**t (g/k) – biegen

2 Zerlege die Nomen und verlängere den ersten Teil.
Trage den richtigen Buchstaben ein.

das Stin**k**tier – stinken – das Stinktier
der Len**k**drachen – lenken – der Lenkdrachen
der Trei**b**stoff – treiben – der Treibstoff
der Bin**d**faden – binden – der Bindfaden

3 Zerlege die Nomen im Kopf und verlängere den ersten Teil.
Trage den richtigen Buchstaben ein und wähle den passenden Pfeil im Buchstabengitter aus.

→ b, d, g
↗ → p, t, k

Tipp: Entscheide dich jeweils für eine Pfeilfarbe. Finde das Lösungswort.

A	S	→ Start →	O
T	K	P	E
M	E	F	R
R	T	U	L

1. der Rei**t**stiefel
2. das Lo**b**lied
3. die Fun**d**sachen
4. das Schla**g**zeug
5. der Trei**b**holz
6. der Den**k**sport
7. der Pie**p**ton

Lösung: P E R F E K T !

Richtig schreiben
Nomen verlängern

1 Zerlege die Nomen und verlängere den ersten Teil.
Trage den richtigen Buchstaben ein.

der Ber**g**steiger – die Berge – der Bergsteiger
die Wan**d**farbe – die Wände – die Wandfarbe
der Ra**d**fahrer – die Räder – der Radfahrer
der Die**b**stahl – die Diebe – der Diebstahl

2 Kreise die Fehler ein. Schreibe die Wörter richtig darunter und verlängere sie.

Es sind 5 Fehler im Text versteckt!

Lulu schaut aus dem Ba**d**fenster und entdeckt

Badfenster – die Bäder

einen großen Rau**b**vogel am Himmel.

Raubvogel – rauben

Er lässt sich vom Win**d** tragen und fliegt ganz ruhig.

Wind – die Winde

Dabei schrau**b**t er sich immer höher in die Luft.

schraubt – schrauben

Ob er bis zu den Wolken stei**g**t? Lulu glaubt es nicht.

steigt – steigen

Detektivwissen überprüfen

1 Schreibe die richtigen Personalformen im **Präsens** (Gegenwart) **und Präteritum** (Vergangenheit) auf.

Rätsel	Verb	Präsens	Präteritum
3. Person Einzahl	fangen	er/sie/es fängt	er/sie/es fing
1. Person Einzahl	gießen	ich gieße	ich goss
2. Person Einzahl	werden	du wirst	du wurdest
2. Person Mehrzahl	denken	ihr denkt	ihr dachtet
1. Person Mehrzahl	riechen	wir riechen	wir rochen
3. Person Mehrzahl	singen	sie singen	sie sangen

2 Zerlege die Nomen und verlängere den ersten Teil. Trage den richtigen Buchstaben ein.

der Kle b stoff — kleben — der Klebstoff

der Flu g hafen — fliegen — der Flughafen

das Urlau b sziel — die Urlaube — das Urlaubsziel

die Lan d karte — die Länder — die Landkarte

3 Kreise die Fehler ein. Schreibe den Satz im **Präsens** richtig auf.

Seit seiner Kintheit fuhr er mit dem Schupkarren zur Tangstelle.

Seit seiner Kindheit fährt er mit dem Schubkarren zur Tankstelle.

Spurensicherung: Der 4. Hinweis!

„Was soll ich denn jetzt machen?", fragt Pia.
TEAM LUPE sitzt mit ihr im Garten und denkt nach.
Gemeinsam hecken sie einen Plan aus.
Die Erpresserin oder der Erpresser wird sich
noch wundern! Am nächsten Tag ist es soweit.
Die Detektive verstecken sich hinter einem Busch,
während Pia ihren Roller zur Scheune schiebt.
Dort ruft sie extra laut: „Hier ist der Roller!"
Aus der Scheune kommt eine heisere Stimme:
„Lehne ihn an den Zaun, mach deine Augen zu und
zähle bis zehn. Dann darfst du in die Scheune gehen."
Pia fängt an zu zählen: „Eins, zwei, drei ..."
Inzwischen schleicht TEAM LUPE zur Scheune,
schlüpft leise hinein und starrt in die Dunkelheit.

Wir brauchen einen Plan!

? Auf einem Tisch sitzen zwei Papageien. Verbirgt sich hinter einem der Schatten Rico?

☐ ja
4a | u

☒ nein
4b | n

Lesen und Texte verfassen
Eine Gruselgeschichte überarbeiten

1 Setze die passenden Adjektive in den Text ein.

salzig   knackend   dürr   wild   laut

Nachtwanderung mit Schrecken

Elsa, Umut, Paul und Lulu machen am Wochenende mit Elsas Mama
eine Nachtwanderung. Alle haben ___wildes___ Herzklopfen,
denn gleich soll es eine Mutprobe geben. Zu zweit sollen die Kinder
ein Stück des Weges ohne Taschenlampe allein laufen. Elsas Mama
5 wird im Ziel auf die Kinder warten. Die Kinder haben ein ___mulmiges___
Gefühl. Hätten sie doch vorhin nur nicht diesen ___gruseligen___ Film
mit den drei Hexen geschaut. Elsa kaut angespannt auf ihrer Unterlippe.
Bei Umut und Lulu ist es nicht anders. Die beiden essen nervös
die ___salzigen___ Kekse, die Umut zur Wanderung mitgenommen hat.
10 Paul macht ___große___ Augen. Er ist anscheinend
auch aufgeregt.
Dann beginnt die Mutprobe. Elsa und Paul sind zum Schluss an der
Reihe. Es ist dunkel und still um sie herum. Vor sich können sie nur ein
kleines ___flackerndes___ Licht erkennen.
15 Auf einmal hören die beiden ein ___knackendes___ Geräusch unter ihren
Füßen. Elsa wimmert: „Das sind bestimmt Knochen!"
Irgendwo ist ein ___lautes___ Heulen zu hören.
Paul japst: „Das war sicher ein Werwolf!"
Plötzlich spürt Elsa, wie ___dürre___ Finger an ihrer Hose zerren.
20 „Hilfe! Die Hexen!", ruft sie entsetzt und rast mit Paul los.

flackernd   mulmig   groß   gruselig

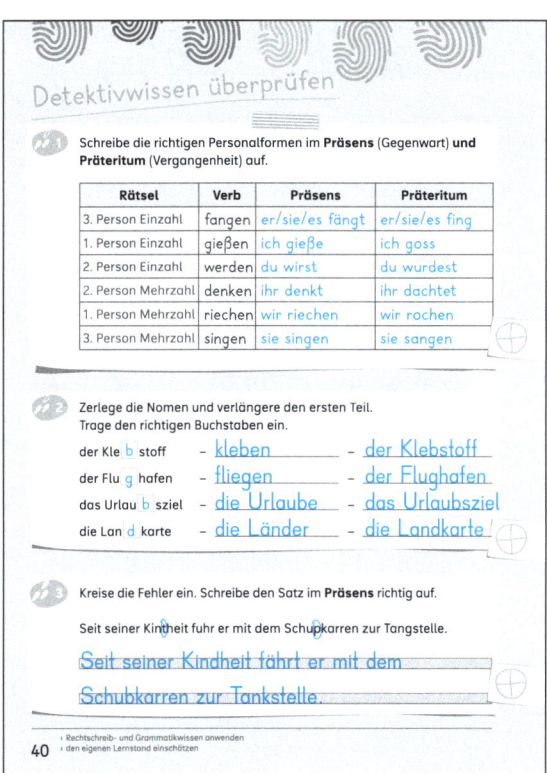
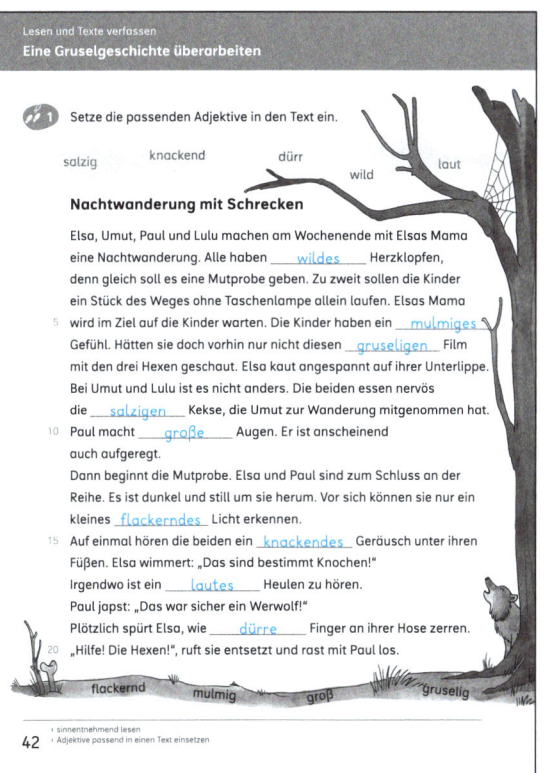

Lesen
Eine Gruselgeschichte verstehen

2 Lies, wie die Geschichte weitergeht.

Zum Glück treffen sie schnell wieder auf die anderen.
Bevor sie erzählen können, was passiert ist, meint Lulu: „Habt ihr auch
die Eule schreien gehört?" Umut ergänzt: „Das war so gruselig.
Ich habe vor Schreck die Kekse fallen lassen." Elsas Mama deutet
25 auf einen kleinen Riss in ihrer Hose und berichtet: „Ich bin an spitzen
Dornen hängen geblieben."
Da wird Elsa und Paul so einiges klar. Sie grinsen einander
verschämt an und behalten ihr Abenteuer lieber für sich.

3 Elsas und Pauls Fantasie hat ihnen einen Streich gespielt. Verbinde, was zusammengehört.

4 Was sagen Paul und Elsa? Schaue im Text nach und ergänze die Sprechblasen.

Das sind bestimmt Knochen!

Das war sicher ein Werwolf!

Hilfe! Die Hexen!

TEAM LUPE ERMITTELT – Deutsch 3 FORDERN – LÖSUNGEN

Lesen
Ein Hexen-Logical lösen

1 Lulu beschreibt die Hexen aus dem Gruselfilm. Löse das Logical. Schreibe, verbinde und male.

Tipp: Hake die Sätze ab, die du erledigt hast.

✓ Die Hexe Rubina steht nicht in der Mitte.
✓ Die Hexe mit dem roten Hut hat einen schwarzen Besen.
✓ Die Hexe mit dem grünen Hut hat einen Kessel, aus dem grüne Blasen steigen.
✓ Die Hexe Berta steht ganz links.
✓ Die Hexe Selma liebt ihre braune Katze mit dem weißen Ohr.
✓ Die Hexe mit dem grünen Hut steht nicht links.
✓ Die Hexe mit dem blauen Hut steht neben Berta.

Hexe **Berta**   Hexe **Selma**   Hexe **Rubina**

› einem Text Informationen entnehmen, zeichnerisch umsetzen und verschriften

44

Sprache untersuchen und Lesen
Mit Adjektiven vergleichen und eine Tabelle lesen

1 Ergänze die fehlenden Formen in der Tabelle.

Grundform	1. Vergleichsform	2. Vergleichsform
nah	näher	am nächsten
gut	besser	am besten
teuer	teurer	am teuersten
hoch	höher	am höchsten
lieb	lieber	am liebsten
weit	weiter	am weitesten

2 Vergleiche mit Adjektiven. Schreibe.

Auswertungsliste

Nr	Name	Weitsprung	Hochsprung	800-m-Lauf
1	Lulu	2,25 m	1,35 m	2 Min. 53 Sek.
2	Umut	2,77 m	1,02 m	3 Min. 5 Sek.
3	Elsa	2,30 m	1,21 m	2 Min. 31 Sek.

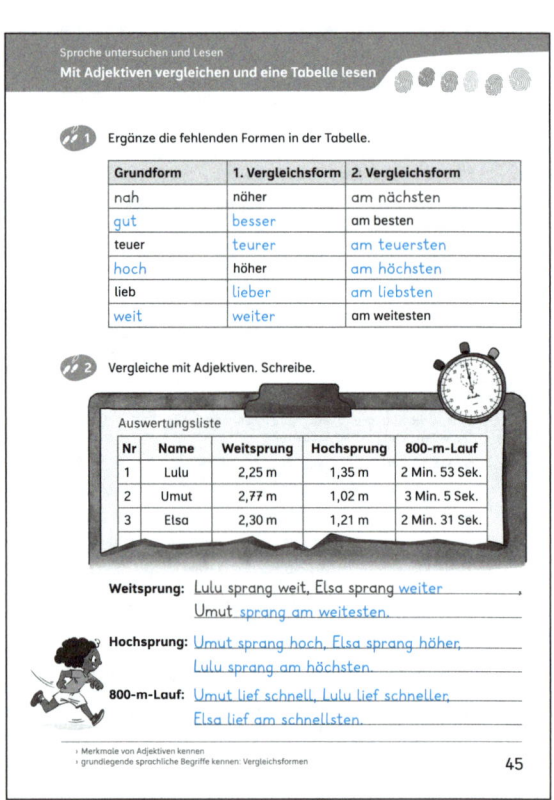

Weitsprung: Lulu sprang weit, Elsa sprang weiter, Umut sprang am weitesten.

Hochsprung: Umut sprang hoch, Elsa sprang höher, Lulu sprang am höchsten.

800-m-Lauf: Umut lief schnell, Lulu lief schneller, Elsa lief am schnellsten.

› Merkmale von Adjektiven kennen
› grundlegende sprachliche Begriffe kennen: Vergleichsformen

45

Lesen und Sprache untersuchen
Adjektive finden und Gegenteile benennen können

1 Lies den Text genau.

Die vier Freunde sind auf dem Weg zu einem ~~winzigen~~ **riesigen** Turm,

der schon hinter den hohen Bäumen aufragt. Elsa kennt den Turm.

Sie erzählt: „Im Turm ist eine ~~riesige~~ **winzige** Öffnung. Da können wir uns

durchquetschen und den Turm erkunden." Als sie den Turm erreichen,

staunen die Kinder. Der Turm besteht aus vielen ~~kleinen~~ **großen** Steinen.

Jeder davon wiegt bestimmt eine Tonne. Paul entdeckt ein ~~großes~~ **kleines**

Hinweisschild, das man leicht übersehen kann. Laut liest er: „Achtung,

dies ist ein ~~sicheres~~ **einsturzgefährdetes** Bauwerk. Betreten verboten!"

Elsa ruft: „Oh, ich dachte, das wäre ein ~~einsturzgefährdetes~~ **sicheres** Gebäude."

Daraufhin meint Umut: „Eigentlich möchte ich mit meinen ~~dreckigen~~ **sauberen**

Händen auch nicht über den ~~sauberen~~ **dreckigen** Boden durch die Öffnung kriechen.

Da liegt bestimmt ganz viel ~~leckerer~~ **ekliger** Mäusedreck und wir wollten doch

noch die ~~ekligen~~ **leckeren** Törtchen essen. Lasst uns doch einfach ein Picknick

neben dem Turm machen." Diesen Vorschlag finden die anderen gut.

2 Streiche die vertauschten Adjektive durch. Verbessere die Adjektive direkt im Text.

› Merkmale von Adjektiven kennen
› Gegensatzpaare finden

46

Richtig schreiben Ⓜ
Merkwörter mit ai /ei und langem i / ie üben

1 Löse das Kreuzworträtsel. Trage Wörter mit **ai** oder **ei** und Wörter mit **ie** oder **langem i** ein.

Im Rätsel gibt es 3 Merkwörter mit ai und 6 Merkwörter mit langem i.

Fliege
Mais
Bein
Stier
Hai
Wiese
Reiter
Tiger
Musik
Schwein
Schleife
Igel
Biber
Vampir
Medaille
Schiene
Kaninchen
Leiter

Lösung: Fantastisch gemacht   !

› besondere Buchstabenfolgen kennen: ai, langes i
› Rechtschreibstrategien verwenden: Merken, Einprägen

47

© Westermann Gruppe

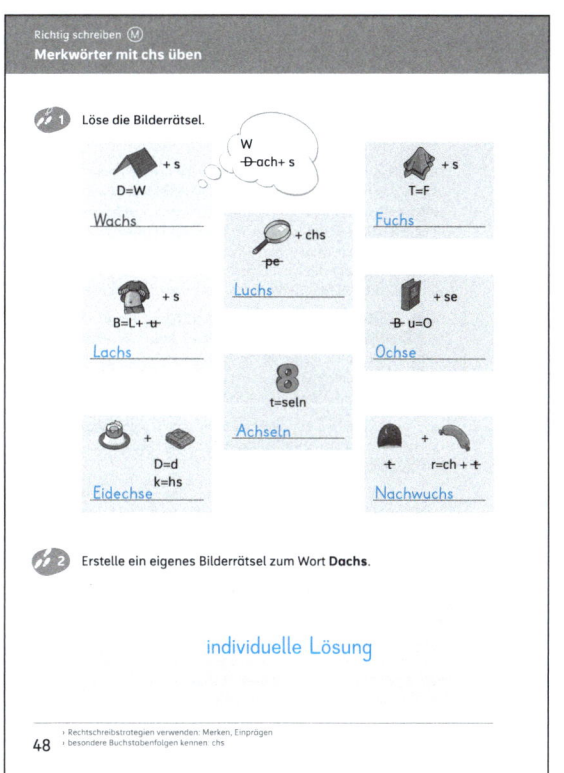

Richtig schreiben (M)
Merkwörter mit chs üben

1 Löse die Bilderrätsel.

W
D̶ach+ s

D=W
Wachs

+ chs
pe
Luchs

+ s
T=F
Fuchs

+ s
B=L+ u̶
Lachs

+ se
B̶ u=O
Ochse

8
t=seln
Achseln

+
D=d
k=hs
Eidechse

+
t̶ r=ch + t̶
Nachwuchs

2 Erstelle ein eigenes Bilderrätsel zum Wort **Dachs**.

individuelle Lösung

› Rechtschreibstrategien verwenden: Merken, Einprägen
› besondere Buchstabenfolgen kennen: chs
48

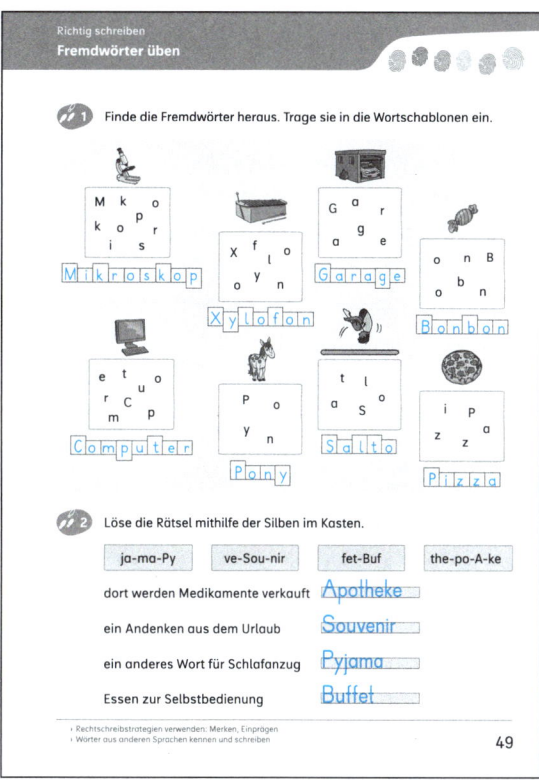

Richtig schreiben
Fremdwörter üben

1 Finde die Fremdwörter heraus. Trage sie in die Wortschablonen ein.

M k o
k o p r
o r i s
Mikroskop

x f l o
o y n
Xylofon

G a r
a g e
Garage

o n B
o b n
Bonbon

e t u o
r C p
m p
Computer

P o
y n
Pony

t l a
a S
S
Salto

i p a
z z
z a
Pizza

2 Löse die Rätsel mithilfe der Silben im Kasten.

ja-ma-Py	ve-Sou-nir	fet-Buf	the-po-A-ke

dort werden Medikamente verkauft   Apotheke

ein Andenken aus dem Urlaub   Souvenir

ein anderes Wort für Schlafanzug   Pyjama

Essen zur Selbstbedienung   Buffet

› Rechtschreibstrategien verwenden: Merken, Einprägen
› Wörter aus anderen Sprachen kennen und schreiben
49

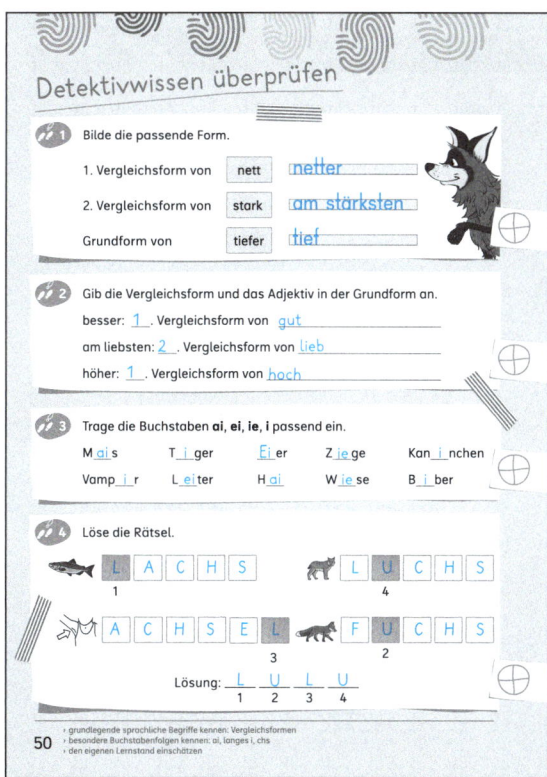

Detektivwissen überprüfen

1 Bilde die passende Form.

1. Vergleichsform von   nett   netter

2. Vergleichsform von   stark   am stärksten

Grundform von   tiefer   tief

2 Gib die Vergleichsform und das Adjektiv in der Grundform an.

besser: __1__. Vergleichsform von   gut

am liebsten: __2__. Vergleichsform von   lieb

höher: __1__. Vergleichsform von   hoch

3 Trage die Buchstaben **ai, ei, ie, i** passend ein.

M ai s   T i ger   Ei er   Z ie ge   Kan i nchen

Vamp i r   L ei ter   H ai   W ie se   B i ber

4 Löse die Rätsel.

L A C H S
1

L U C H S
4

A C H S E L
3

F U C H S
2

Lösung: L   U   L   U
          1   2   3   4

› grundlegende sprachliche Begriffe kennen: Vergleichsformen
› besondere Buchstabenfolgen kennen: ai, langes i, chs
› den eigenen Lernstand einschätzen
50

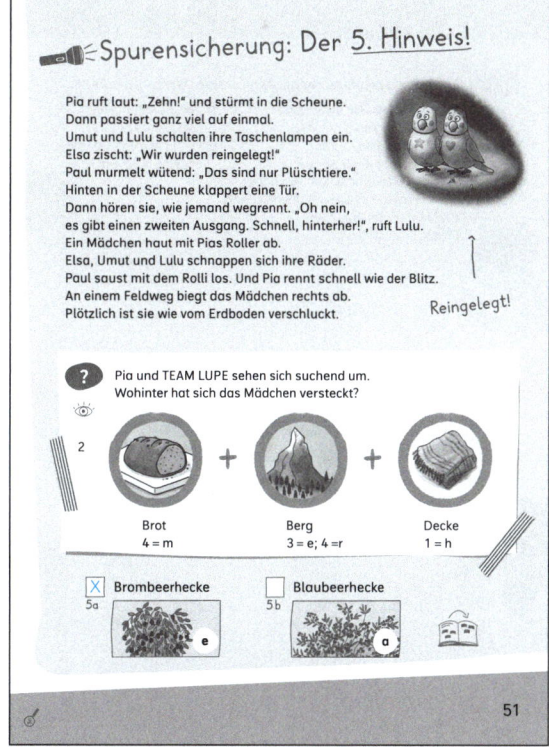

Spurensicherung: Der 5. Hinweis!

Pia ruft laut: „Zehn!" und stürmt in die Scheune.
Dann passiert ganz viel auf einmal.
Umut und Lulu schalten ihre Taschenlampen ein.
Elsa zischt: „Wir wurden reingelegt!"
Paul murmelt wütend: „Das sind nur Plüschtiere."
Hinten in der Scheune klappert eine Tür.
Dann hören sie, wie jemand wegrennt. „Oh nein,
es gibt einen zweiten Ausgang. Schnell, hinterher!", ruft Lulu.
Ein Mädchen haut mit Pias Roller ab.
Elsa, Umut und Lulu schnappen sich ihre Räder.
Paul saust mit dem Rolli los. Und Pia rennt schnell wie der Blitz.
An einem Feldweg biegt das Mädchen rechts ab.
Plötzlich ist sie wie vom Erdboden verschluckt.

Reingelegt!

? Pia und TEAM LUPE sehen sich suchend um.
Wohinter hat sich das Mädchen versteckt?

2

Brot
4 = m

+

Berg
3 = e; 4 =r

+

Decke
1 = h

X Brombeerhecke
5a

☐ Blaubeerhecke
5b

e

a

51

Sprache untersuchen
Wortstamm und Wortbausteine verwenden

1 Schreibe zu jedem Nomen ein passendes Verb und ein passendes Adjektiv auf.

Bewegung – bewegen – beweglich

Wirkung – wirken – wirklich

Sicherheit – sichern – sicherlich

Trockenheit – trocknen – trocken

Trennung – trennen – getrennt

2 Bilde zu den Nomen Adjektive. Verwende die Endungen **-ig**, **-lich**, **-bar** oder **-haft**.

Tipp: An 2 Nomen kann mehr als eine Endung angehängt werden.

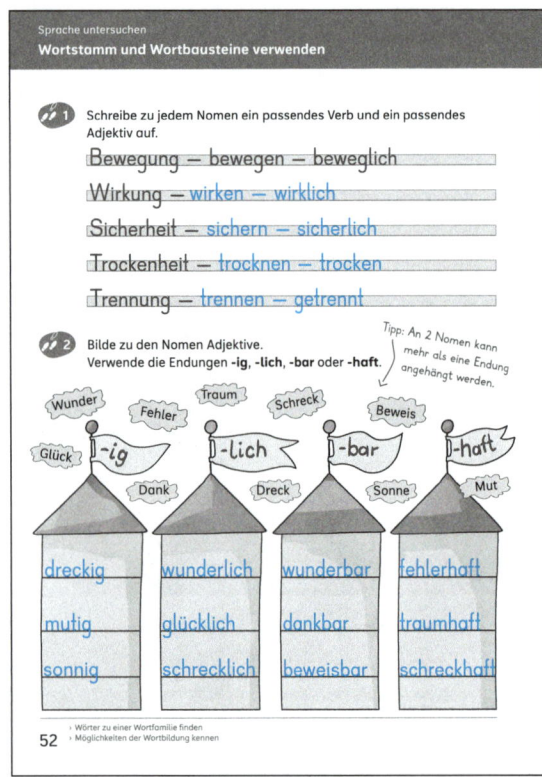

Wunder, Fehler, Traum, Schreck, Beweis, Glück, Dank, Dreck, Sonne, Mut

-ig
dreckig
mutig
sonnig

-lich
wunderlich
glücklich
schrecklich

-bar
wunderbar
dankbar
beweisbar

-haft
fehlerhaft
traumhaft
schreckhaft

› Wörter zu einer Wortfamilie finden
› Möglichkeiten der Wortbildung kennen

52

Sprache untersuchen und Lesen
Den Wortstamm erkennen

1 Lies den Text. Markiere die Wörter mit den Wortstämmen **fahr-** und **fehl-**.

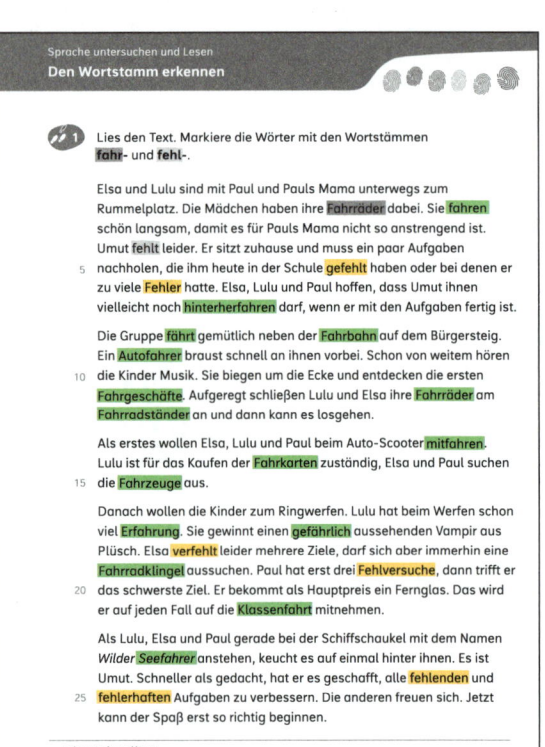

Elsa und Lulu sind mit Paul und Pauls Mama unterwegs zum Rummelplatz. Die Mädchen haben ihre Fahrräder dabei. Sie fahren schön langsam, damit es für Pauls Mama nicht so anstrengend ist. Umut fehlt leider. Er sitzt zuhause und muss ein paar Aufgaben
5 nachholen, die ihm heute in der Schule gefehlt haben oder bei denen er zu viele Fehler hatte. Elsa, Lulu und Paul hoffen, dass Umut ihnen vielleicht noch hinterherfahren darf, wenn er mit den Aufgaben fertig ist.

Die Gruppe fährt gemütlich neben der Fahrbahn auf dem Bürgersteig. Ein Autofahrer braust schnell an ihnen vorbei. Schon von weitem hören
10 die Kinder Musik. Sie biegen um die Ecke und entdecken die ersten Fahrgeschäfte. Aufgeregt schließen Lulu und Elsa ihre Fahrräder am Fahrradständer an und dann kann es losgehen.

Als erstes wollen Elsa, Lulu und Paul beim Auto-Scooter mitfahren. Lulu ist für das Kaufen der Fahrkarten zuständig, Elsa und Paul suchen
15 die Fahrzeuge aus.

Danach wollen die Kinder zum Ringwerfen. Lulu hat beim Werfen schon viel Erfahrung. Sie gewinnt einen gefährlich aussehenden Vampir aus Plüsch. Elsa verfehlt leider mehrere Ziele, darf sich aber immerhin eine Fahrradklingel aussuchen. Paul hat erst drei Fehlversuche, dann trifft er
20 das schwerste Ziel. Er bekommt als Hauptpreis ein Fernglas. Das wird er auf jeden Fall auf die Klassenfahrt mitnehmen.

Als Lulu, Elsa und Paul gerade bei der Schiffschaukel mit dem Namen *Wilder Seefahrer* anstehen, keucht es auf einmal hinter ihnen. Es ist Umut. Schneller als gedacht, hat er es geschafft, alle fehlenden und
25 fehlerhaften Aufgaben zu verbessern. Die anderen freuen sich. Jetzt kann der Spaß erst so richtig beginnen.

› sinnentnehmend lesen
› sprachliche Begriffe kennen: Wortstamm
› Wortstämme finden und markieren

53

Sprache untersuchen und Lesen
Den Wortstamm erkennen

1 Löse das Kreuzworträtsel mithilfe der markierten Wörter von Seite 53.

1. Ein Mensch, der auf einem Schiff auf dem Meer fährt.
2. Die Mehrzahl von *Fahrrad*.
3. Ein anderes Wort für Straße.
4. Versuche, die nicht funktioniert haben.
5. Ein Ausflug der Klasse mit Übernachtung.
6. Ein Mensch, der Auto fährt.
7. Etwas, das falsch ist.
8. Ein Gegenstand am Fahrradlenker.
9. Ein Ort, wo das Fahrrad abgestellt werden kann.

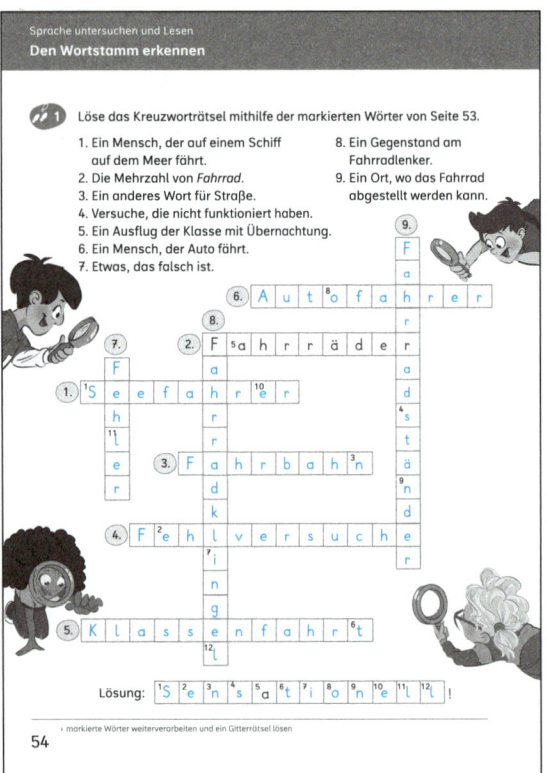

6. Autofahrer
2. Fahrräder
1. Seefahrer
3. Fahrbahn
4. Fehlversuche
5. Klassenfahrt

Lösung: Sensationell !

› markierte Wörter weiterverarbeiten und ein Gitterrätsel lösen

54

Richtig schreiben
Den Wortstamm kennen und nutzen

1 Lies die Rätselkarten. Schreibe die Lösungswörter auf. Zu welchem Wortstamm gehören die Wörter? Trage ein.

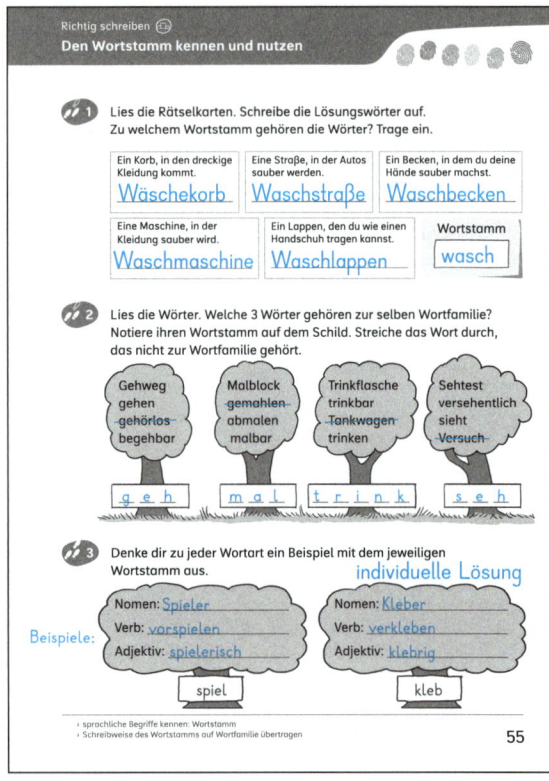

Ein Korb, in den dreckige Kleidung kommt.	Eine Straße, in der Autos sauber werden.	Ein Becken, in dem du deine Hände sauber machst.
Wäschekorb	Waschstraße	Waschbecken

Eine Maschine, in der Kleidung sauber wird.	Ein Lappen, den du wie einen Handschuh tragen kannst.	Wortstamm
Waschmaschine	Waschlappen	wasch

2 Lies die Wörter. Welche 3 Wörter gehören zur selben Wortfamilie? Notiere den Wortstamm auf dem Schild. Streiche das Wort durch, das nicht zur Wortfamilie gehört.

Gehweg / gehen / ~~gehörlos~~ / begehbar → **geh**

Malblock / gemahlen / abmalen / malbar → **mal**

Trinkflasche / trinkbar / ~~Tankwagen~~ / trinken → **trink**

Sehtest / versehentlich / sieht / ~~Versuch~~ → **seh**

3 Denke dir zu jeder Wortart ein Beispiel mit dem jeweiligen Wortstamm aus.

individuelle Lösung

Beispiele:

Nomen: Spieler
Verb: vorspielen
Adjektiv: spielerisch
→ spiel

Nomen: Kleber
Verb: verkleben
Adjektiv: klebrig
→ kleb

› sprachliche Begriffe kennen: Wortstamm
› Schreibweise des Wortstamms auf Wortfamilie übertragen

55

Richtig schreiben
Verwandte Wörter mit a/ä und au/äu

1 Lies den Text. Streiche die Fehler durch. Schreibe zu jedem Wort ein verwandtes Wort mit **a** oder **au** in der Zeile darüber auf.

Traum

Uno ist mit Elsa spazieren. Vertreumt schaut seine Besitzerin

Blatt   Gras

in die Luft, während Uno damit beschäftigt ist, an Blettern und Gresern

zu schnuppern. Besonders die verschiedenen Gerüche

bauen

an den Gebeudecken sind für Uno interessant.

Tag   laufen

Uno liebt diese teglichen Spaziergänge mit Elsa. Manchmal leuft er

verkaufen

mit ihr beim Metzger vorbei. Dann kommt der Verkeufer

lachen

jedes Mal lechelnd aus dem Geschäft und gibt ihm

eine leckere Wurst. Das findet Uno super.

waschen

Sobald sie nach Hause kommen, wescht Elsa Uno immer gründlich die

hinterlassen

Pfoten ab, damit er keine Flecken auf dem Boden hinterlesst. Wenn

schlafen

Uno dann abends schlefrig in seinem Körbchen liegt, freut er sich

nach

schon wieder auf den nechsten Tag.

Tipp: Es sind 12 Fehler im Text.

› Rechtschreibstrategien verwenden: Wortstamm beachten
› morphematische Strategie verwenden: Ableiten
› Schreibweise des Wortstamms auf Wortfamilie übertragen

56

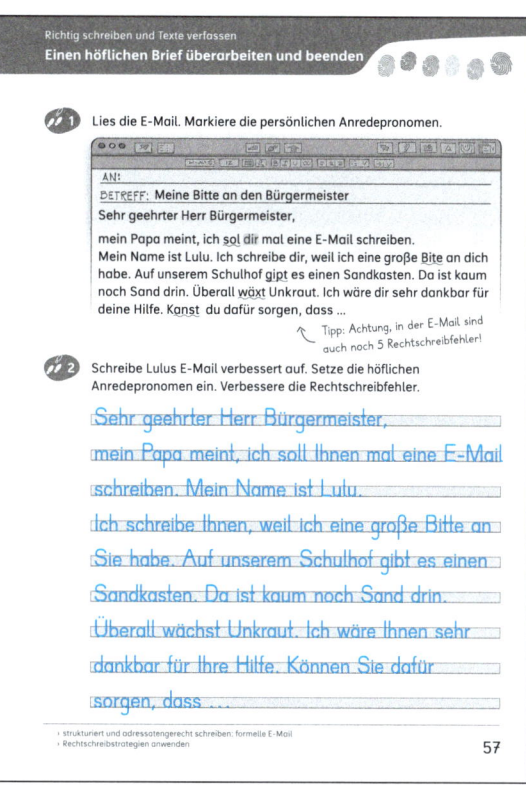

Richtig schreiben und Texte verfassen
Einen höflichen Brief überarbeiten und beenden

1 Lies die E-Mail. Markiere die persönlichen Anredepronomen.

AN:
BETREFF: Meine Bitte an den Bürgermeister
Sehr geehrter Herr Bürgermeister,

mein Papa meint, ich sol dir mal eine E-Mail schreiben. Mein Name ist Lulu. Ich schreibe dir, weil ich eine große Bite an dich habe. Auf unserem Schulhof gipt es einen Sandkasten. Da ist kaum noch Sand drin. Überall wäxt Unkraut. Ich wäre dir sehr dankbar für deine Hilfe. Kanst du dafür sorgen, dass …

Tipp: Achtung, in der E-Mail sind auch noch 5 Rechtschreibfehler!

2 Schreibe Lulus E-Mail verbessert auf. Setze die höflichen Anredepronomen ein. Verbessere die Rechtschreibfehler.

Sehr geehrter Herr Bürgermeister,

mein Papa meint, ich soll Ihnen mal eine E-Mail

schreiben. Mein Name ist Lulu.

Ich schreibe Ihnen, weil ich eine große Bitte an

Sie habe. Auf unserem Schulhof gibt es einen

Sandkasten. Da ist kaum noch Sand drin.

Überall wächst Unkraut. Ich wäre Ihnen sehr

dankbar für Ihre Hilfe. Können Sie dafür

sorgen, dass …

› strukturiert und adressatengerecht schreiben: formelle E-Mail
› Rechtschreibstrategien anwenden

57

Lesen
Eine Anleitung verstehen

1 Lies dir die Anleitung genau durch.

Der Flaschengeist

Das wird gebraucht

- eine möglichst kleine leere Flasche aus Glas
- Kühlschrank
- 50-Cent-Münze
- Glas mit Wasser

Vorbereitung am Vortag

Schraube den Deckel einer leeren Flasche aus Glas ab.
Lege oder stelle die Flasche über Nacht in den Kühlschrank.

Vorbereitung am Tag der Vorstellung

Stelle ein Glas mit Wasser bereit und lege das 50-Cent-Stück dazu.
Kurz vor Durchführung des Zaubertricks holst du die Flasche aus dem Kühlschrank. Befeuchte die Öffnung mit etwas Wasser aus dem Glas.

Der Ablauf der Vorstellung

Erkläre deinem Publikum, dass in der Flasche ein Geist wohnt, den du jetzt erwecken wirst.
Lege ein 50-Cent-Stück auf die Flaschenöffnung.
Lege deine Hände fest um die Flasche.
Es wird einen Moment dauern, bis der Zaubertrick klappt.
Damit es spannend bleibt, sprich in dieser Zeit mehrmals einen Zauberspruch. Nach einiger Zeit wird sich die Münze bewegen.

Der Flaschengeist erwacht!

› sinnentnehmend lesen

58

Lesen
Eine Anleitung verstehen

2 Ordne die Überschriften den einzelnen Absätzen zu.

Das wird gebraucht   Vorbereitung am Vortag   Vorbereitung am Tag der Vorstellung   Der Ablauf der Vorstellung

3 Nummeriere die Bilder in der richtigen Reihenfolge.

2   6   5

3   1   4

4 Welcher Zauberspruch passt zum Zaubertrick? Verbinde.

Probiere den Zaubertrick doch selbst einmal aus.

bleib in der Flasche, verstecke dich.

Geist der Flasche, höre mich,   erscheine uns nun, zeige dich.

erzähle uns Witze, wir hören dich.

› zentrale Aussagen von Textabschnitten erfassen und Überschriften zuordnen
› Text und Bilder aufeinander beziehen
› Aussagen zum Text überprüfen

59

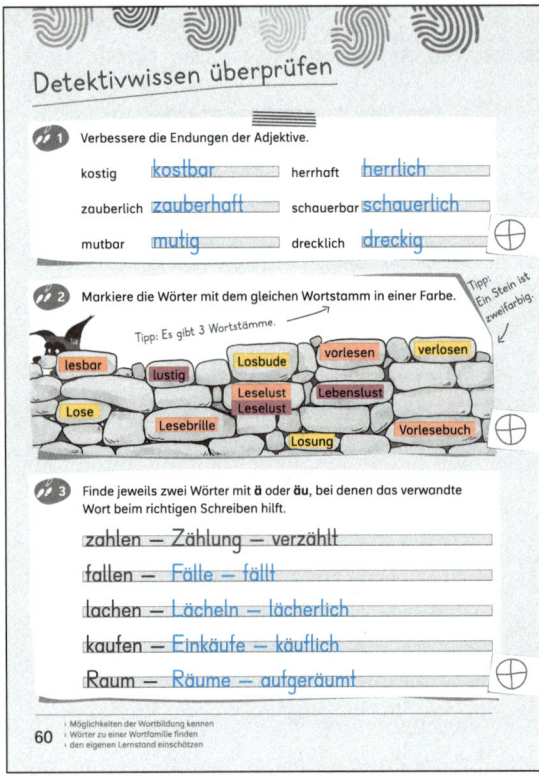

Detektivwissen überprüfen

1 Verbessere die Endungen der Adjektive.

kostig	**kostbar**	herrhaft	**herrlich**
zauberlich	**zauberhaft**	schauerbar	**schauerlich**
mutbar	**mutig**	drecklich	**dreckig**

Tipp: Ein Stein ist zweifarbig.

2 Markiere die Wörter mit dem gleichen Wortstamm in einer Farbe.

Tipp: Es gibt 3 Wortstämme.

lesbar · lustig · Losbude · vorlesen · verlosen · Lose · Leselust · Leselust · Lebenslust · Lesebrille · Losung · Vorlesebuch

3 Finde jeweils zwei Wörter mit **ä** oder **äu**, bei denen das verwandte Wort beim richtigen Schreiben hilft.

zahlen – **Zählung** – **verzählt**

fallen – **Fälle** – **fällt**

lachen – **Lächeln** – **lächerlich**

kaufen – **Einkäufe** – **käuflich**

Raum – **Räume** – **aufgeräumt**

› Möglichkeiten der Wortbildung kennen
› Wörter zu einer Wortfamilie finden
› den eigenen Lernstand einschätzen

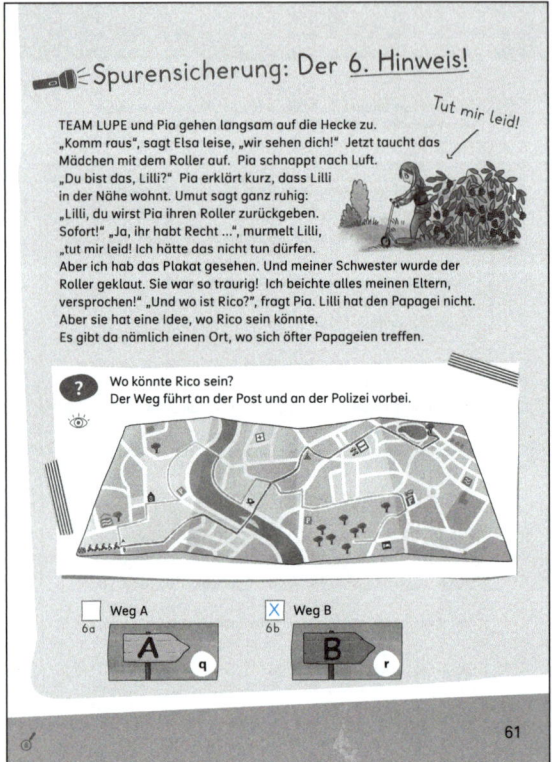

Spurensicherung: Der 6. Hinweis!

Tut mir leid!

TEAM LUPE und Pia gehen langsam auf die Hecke zu. „Komm raus", sagt Elsa leise, „wir sehen dich!" Jetzt taucht das Mädchen mit dem Roller auf. Pia schnappt nach Luft. „Du bist das, Lilli?" Pia erklärt kurz, dass Lilli in der Nähe wohnt. Umut sagt ganz ruhig: „Lilli, du wirst Pia ihren Roller zurückgeben. Sofort!" „Ja, ihr habt Recht ...", murmelt Lilli, „tut mir leid! Ich hätte das nicht tun dürfen. Aber ich hab das Plakat gesehen. Und meiner Schwester wurde der Roller geklaut. Sie war so traurig! Ich beichte alles meinen Eltern, versprochen!" „Und wo ist Rico?", fragt Pia. Lilli hat den Papagei nicht. Aber sie hat eine Idee, wo Rico sein könnte. Es gibt da nämlich einen Ort, wo sich öfter Papageien treffen.

? Wo könnte Rico sein?
Der Weg führt an der Post und an der Polizei vorbei.

	Weg A		Weg B [X]
6a		6b	

A q

B r

Mein Stickerbogen

TEAM **LUPE** ERMITTELT

TEAM LUPE

FALL GELÖST!

PSSST!

SUPER DETEKTIV

WICHTIG!

STRENG GEHEIM

COOLER TYP

Illustrationen: Michael Stapper

Bearbeite so alle 6 Kapitel im Heft.
Am Ende hast du dann 6 Hinweis-Sticker in der Fallakte gesammelt.

3  # Die Fallakte

Auf dieser Seite sammelst du
die 6 richtigen Hinweis-Sticker.

Auf jedem Sticker findest du einen Buchstaben.
Die Buchstaben ergeben das Passwort.
Trage jeden Buchstaben
in das passende Kästchen ein.

Hinweis 1 =
Buchstabe 1 ⟶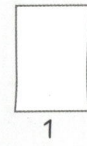

Außerdem kannst du in der Fallakte
das Ende des Falls lesen.

Brauchst du dabei Hilfe?
Frage einen Erwachsenen.

4 Gehe im Internet auf diese Seite:

www.team-lupe-ermittelt.de/Papagei

Gib nun das Passwort ein.

Hast du das richtige Passwort eingegeben?
Dann wartet eine kleine Überraschung auf dich.

Illustrationen: Michael Stapper

1 Male die Personalformen im **Präteritum (Vergangenheit)**,
die zu einer Grundform gehören, in der gleiche Farbe an.

ihr halft

du wurdest

du warst

du hattest

wir hatten

ich war

ihr wurdet

ihr hattet

sie waren

du halfst

er half

ich wurde

2 Schreibe die richtigen Personalformen im **Präteritum** auf.

werden 1. Person Einzahl: _____

sein 2. Person Einzahl: _____

haben 2. Person Mehrzahl: _____

helfen 2. Person Mehrzahl: _____

3 Schreibe die Person und die Grundform des Verbs auf.

sie hatte: ___. Person _____ vom Verb _____

wir waren: ___. Person _____ vom Verb _____

› grundlegende sprachliche Begriffe kennen: Grundform, Personalform, Präteritum
› Präteritum bei unregelmäßigen Verben kennen

1 Lies den Text. Markiere die Signalwörter im Text, die auf <mark>Präsens</mark> <mark>(Gegenwart)</mark> und <mark>Präteritum (Vergangenheit)</mark> hinweisen.

Getreideernte früher und heute

<mark>Vor hundert Jahren</mark> ____waren____ mehrere Menschen für die
(sein)

Getreideernte nötig. <mark>Nun</mark> ____schafft____ diese Arbeit ein einzelner
(schaffen)

Mensch. Damals _____ die Arbeit einen ganzen Tag.
(dauern)

Heutzutage _____ man für die Arbeit nur etwa eine Stunde.
(brauchen)

In der damaligen Zeit _____ die Menschen das Getreide von
(schneiden)

Hand mit Sensen und Sicheln ab. In der heutigen Zeit _____
(bedienen)

ein einzelner Mensch eine Maschine, den sogenannten Mähdrescher.

Der Mähdrescher _____ das Feld ab und _____
(fahren) (mähen)

dabei das Korn. Einst _____ die Menschen nach dem Mähen
(binden)

das abgeschnittene Getreide zu Garben und _____ diese auf
(stellen)

dem Feld für ein paar Tage zum Trocknen auf. Das getrocknete Getreide

_____ sie auf Wagen und _____ es nach Hause.
(laden) (bringen)

In der Scheune _____ die Menschen dann das Korn von den
(lösen)

Halmen. Heute _____ der Mähdrescher das Korn nach dem
(schütteln)

Mähen sofort aus den Halmen. Das Korn _____ dann in einen
(fallen)

Sammelbehälter.

2 Setze die Verben im **Präsens** oder im **Präteritum** ein.

1 Lies das Märchen. Setze die Verben im **Präteritum** passend ein.

erzählen   laufen   öffnen

Der Froschkönig

fallen

ekeln

Es war einmal eine Königstochter, der _____ beim Spielen ihre goldene Kugel in einen tiefen Brunnen. Da _____ die Königstochter viele Tränen. Dann aber hörte sie eine Stimme, die Hilfe versprach.
Die Königstochter sah sich um und entdeckte auf dem Brunnenrand
5 einen dicken, hässlichen Frosch.
Der Frosch sicherte der Königstochter zu, die goldene Kugel wieder aus dem Brunnen zu holen. Dafür sollte sie ihm versprechen, dass er von ihrem Teller essen und in ihrem Bett schlafen dürfe. Die Königstochter nickte und _____ es.

hüpfen

weinen

10 Aber als der Frosch die Kugel aus dem Brunnen heraufgeholt hatte, _____ die Königstochter mit ihrem Spielzeug einfach davon.
Am nächsten Tag kam der Frosch zum Schloss und _____:
„Königstochter, jüngste, mach mir auf!" Doch das wollte die Königstochter nicht.
15 Da meinte ihr Vater streng, dass sie ihr Versprechen halten müsse.
Also _____ die Königstochter das Tor und der Frosch _____ herein.
Am Abend verlangte der Frosch, bei der Königstochter im Bett zu schlafen. Die Königstochter _____ sich vor dem kalten Frosch.

werfen

rufen

20 Aber ihr Vater erinnerte sie an ihr Versprechen.
So nahm die Königstochter den Frosch mit in ihr Zimmer, setzte ihn aber in eine Ecke. Doch der Frosch wollte im Bett liegen.
Da packte die Königstochter den Frosch voller Zorn und _____ ihn an die Wand.
25 Plötzlich war da kein Frosch mehr, sondern ein Königssohn.
Er _____, dass eine böse Hexe ihn in einen Frosch verzaubert hatte. Jetzt aber war er von der Königstochter erlöst worden.

versprechen   nacherzählt nach den Gebrüdern Grimm

› sinnentnehmend lesen
› Präteritum bei (un-)regelmäßigen Verben kennen

Fragen zu einem Märchen beantworten

 **1** Wer könnte was im Märchen sagen? Verbinde.

Oh nein, meine goldene Kugel!

Ich will ihm nicht öffnen!

Halte dein Versprechen!

Ich werde dir helfen.

Ich möchte von deinem Teller essen.

Was hast du ihm versprochen?

Ich verspreche es dir.

Verschwinde aus meinem Zimmer!

 **2** Wie wird der Frosch beschrieben?
Notiere die Adjektive aus dem Text auf Seite 35.

 **3** Wodurch wurde der verzauberte Königssohn befreit? Erkläre.

Die Kinder suchen nach einem Märchen für ihr Theaterstück.
Elsa, Umut, Paul und Lulu haben Argumente zum Märchen
„Der Froschkönig" gesammelt.

 **1** Lies dir die beiden Listen durch. In jeder Liste passt ein Argument nicht
zum Märchen „Der Froschkönig". Streiche es durch.

Pro

- wir sind vier Kinder und es gibt vier Rollen
  (Frosch, Königstochter, König, Königssohn)
- wir besitzen bereits Kostüme für die Zwerge
- wir können die Kugel aus einem Ball
  und Goldfolie basteln
- es gibt Rollen mit viel oder wenig Text, falls
  jemand nicht so viel sagen möchte

Kontra

- wir haben keinen Plüsch-Frosch
- keiner wird den bösen Zauberer
  spielen wollen
- ein Kind würde nur den Text des
  Frosches sprechen und könnte gar
  nicht richtig mitspielen
- wir haben keine passenden Kostüme

 **2** Entscheide dich für eine Position. Schreibe mithilfe der Argumente eine
Begründung, warum das Märchen „Der Froschkönig" für TEAM LUPE
(nicht) geeignet ist.

Tipp: Du kannst   Ich finde das Märchen „Der Froschkönig" geeignet, weil ...
so beginnen: Ich finde das Märchen „Der Froschkönig" nicht geeignet, weil ...

› Argumente auf Sinnhaftigkeit überprüfen
› eine Position einnehmen und mithilfe von Argumenten begründen

1 Entscheide: **g/k**, **b/p** oder **d/t**?
Verlängere die Verben, indem du die Grundform bildest.

	↷ Grundform		↷ Grundform
er hu ⓟ/b t	– *hupen*	er ban t/d	–
sie trin g/k t	–	sie ga p/b	–
es den g/k t	–	es fan t/d	–
er zan g/k t	–	er bo g/k	–

2 Zerlege die Nomen und verlängere den ersten Teil.
Trage den richtigen Buchstaben ein.

das Stin **k** tier	– *stinken*	– *das Stinktier*
der Len ☐ drachen	– _____	– _____
der Trei ☐ stoff	– _____	– _____
der Bin ☐ faden	– _____	– _____

3 Zerlege die Nomen im Kopf und verlängere den ersten Teil.
Trage den richtigen Buchstaben ein und wähle den passenden Pfeil
im Buchstabengitter aus.

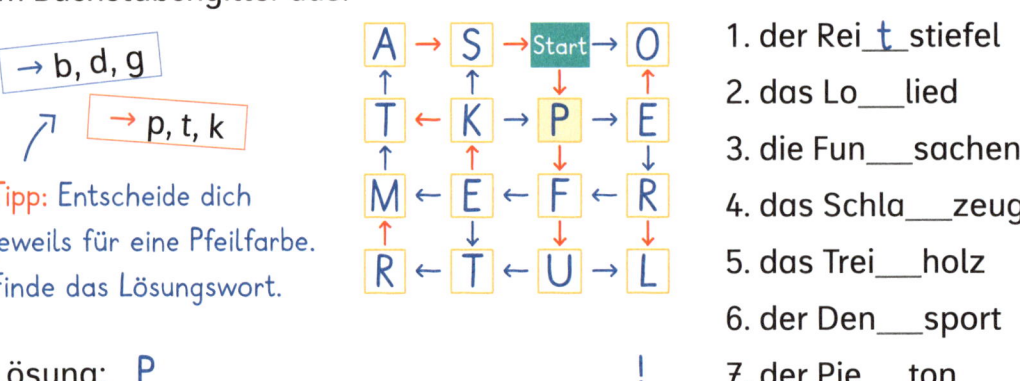

→ b, d, g

↗ → p, t, k

Tipp: Entscheide dich
jeweils für eine Pfeilfarbe.
Finde das Lösungswort.

Lösung: P ___ ___ ___ ___ ___ !

A	→	S	→	Start	→	O
↑		↑		↓		↑
T	←	K	→	P	→	E
↑				↓		↓
M	←	E	←	F	←	R
↑				↓		↓
R	←	T	←	U	→	L

1. der Rei **t** stiefel
2. das Lo___lied
3. die Fun___sachen
4. das Schla___zeug
5. das Trei___holz
6. der Den___sport
7. der Pie___ton

 **1** Zerlege die Nomen und verlängere den ersten Teil.
Trage den richtigen Buchstaben ein.

der Ber☐steiger – die Berge _____ – _____

die Wan☐farbe – _____ – _____

der Ra☐fahrer – _____ – _____

der Die☐stahl – _____ – _____

 **2** Kreise die Fehler ein. Schreibe die Wörter
richtig darunter und verlängere sie.

Es sind 5 Fehler
im Text versteckt!

Lulu schaut aus dem Batfenster und entdeckt

_____

einen großen Raupvogel am Himmel.

_____

Er lässt sich vom Wint tragen und fliegt ganz ruhig.

_____

Dabei schraupt er sich immer höher in die Luft.

_____

Ob er bis zu den Wolken steikt? Lulu glaubt es nicht.

_____

› Rechtschreibstrategien verwenden: Verlängern
› Wörter mit Auslautverhärtung richtig schreiben

Detektivwissen überprüfen

1 Schreibe die richtigen Personalformen im **Präsens** (Gegenwart) **und Präteritum** (Vergangenheit) auf.

Rätsel	Verb	Präsens	Präteritum
3. Person Einzahl	fangen		
1. Person Einzahl	gießen		
2. Person Einzahl	werden		
2. Person Mehrzahl	denken		
1. Person Mehrzahl	riechen		
3. Person Mehrzahl	singen		

2 Zerlege die Nomen und verlängere den ersten Teil.
Trage den richtigen Buchstaben ein.

der Kle☐stoff   – _____ – _____

der Flu☐hafen   – _____ – _____

das Urlau☐sziel   – _____ – _____

die Lan☐karte   – _____ – _____

3 Kreise die Fehler ein. Schreibe den Satz im **Präsens** richtig auf.

Seit seiner Kintheit fuhr er mit dem Schupkarren zur Tangstelle.

› Rechtschreib- und Grammatikwissen anwenden
› den eigenen Lernstand einschätzen

„Was soll ich denn jetzt machen?", fragt Pia.
TEAM LUPE sitzt mit ihr im Garten und denkt nach.
Gemeinsam hecken sie einen Plan aus.
Die Erpresserin oder der Erpresser wird sich
noch wundern! Am nächsten Tag ist es soweit.
Die Detektive verstecken sich hinter einem Busch,
während Pia ihren Roller zur Scheune schiebt.
Dort ruft sie extra laut: „Hier ist der Roller!"
Aus der Scheune kommt eine heisere Stimme:
„Lehne ihn an den Zaun, mach deine Augen zu und
zähle bis zehn. Dann darfst du in die Scheune gehen."
Pia fängt an zu zählen: „Eins, zwei, drei ..."
Inzwischen schleicht TEAM LUPE zur Scheune,
schlüpft leise hinein und starrt in die Dunkelheit.

Wir brauchen einen Plan!

? Auf einem Tisch sitzen zwei Papageien.
Verbirgt sich hinter einem der Schatten Rico?

👁

☐ ja
4a   u

☐ nein
4b   n

1 Setze die passenden Adjektive in den Text ein.

salzig

knackend

dürr

laut

wild

Nachtwanderung mit Schrecken

Elsa, Umut, Paul und Lulu machen am Wochenende mit Elsas Mama

eine Nachtwanderung. Alle haben _____ Herzklopfen,

denn gleich soll es eine Mutprobe geben. Zu zweit sollen die Kinder

ein Stück des Weges ohne Taschenlampe allein laufen. Elsas Mama

5 wird im Ziel auf die Kinder warten. Die Kinder haben ein _____

Gefühl. Hätten sie doch vorhin nur nicht diesen _____ Film

mit den drei Hexen geschaut. Elsa kaut angespannt auf ihrer Unterlippe.

Bei Umut und Lulu ist es nicht anders. Die beiden essen nervös

die _____ Kekse, die Umut zur Wanderung mitgenommen hat.

10 Paul macht _____ Augen. Er ist anscheinend

auch aufgeregt.

Dann beginnt die Mutprobe. Elsa und Paul sind zum Schluss an der

Reihe. Es ist dunkel und still um sie herum. Vor sich können sie nur ein

kleines _____ Licht erkennen.

15 Auf einmal hören die beiden ein _____ Geräusch unter ihren

Füßen. Elsa wimmert: „Das sind bestimmt Knochen!"

Irgendwo ist ein _____ Heulen zu hören.

Paul japst: „Das war sicher ein Werwolf!"

Plötzlich spürt Elsa, wie _____ Finger an ihrer Hose zerren.

20 „Hilfe! Die Hexen!", ruft sie entsetzt und rast mit Paul los.

flackernd

mulmig

groß

gruselig

› sinnentnehmend lesen
› Adjektive passend in einen Text einsetzen

2 Lies, wie die Geschichte weitergeht.

Zum Glück treffen sie schnell wieder auf die anderen.
Bevor sie erzählen können, was passiert ist, meint Lulu: „Habt ihr auch
die Eule schreien gehört?" Umut ergänzt: „Das war so gruselig.
Ich habe vor Schreck die Kekse fallen lassen." Elsas Mama deutet
25 auf einen kleinen Riss in ihrer Hose und berichtet: „Ich bin an spitzen
Dornen hängen geblieben."
Da wird Elsa und Paul so einiges klar. Sie grinsen einander
verschämt an und behalten ihr Abenteuer lieber für sich.

3 Elsas und Pauls Fantasie hat ihnen einen Streich gespielt.
Verbinde, was zusammengehört.

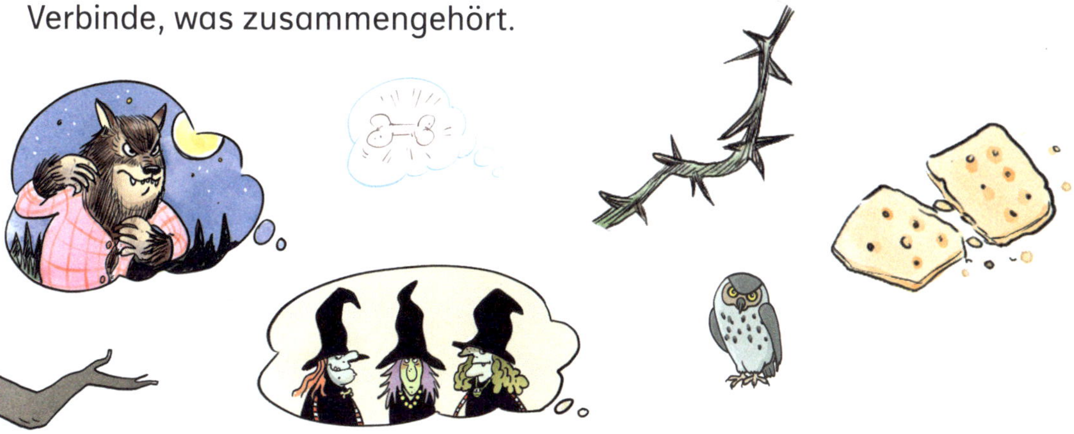

4 Was sagen Paul und Elsa? Schaue im Text nach
und ergänze die Sprechblasen.

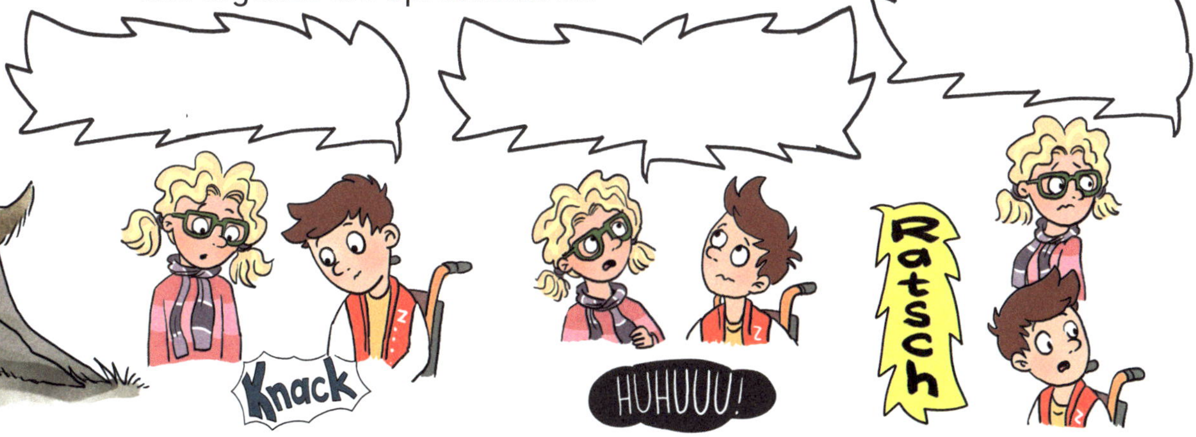

Knack   HUHUUU!   Ratsch

 **1** Lulu beschreibt die Hexen aus dem Gruselfilm.
Löse das Logical. Schreibe, verbinde und male.

Tipp: Hake die Sätze ab, die du erledigt hast.

Die Hexe Rubina steht nicht in der Mitte.

Die Hexe mit dem roten Hut hat einen schwarzen Besen.

Die Hexe mit dem grünen Hut hat einen Kessel,

aus dem grüne Blasen steigen.

Die Hexe Berta steht ganz links.

Die Hexe Selma liebt ihre braune Katze mit dem weißen Ohr.

Die Hexe mit dem grünen Hut steht nicht links.

Die Hexe mit dem blauen Hut steht neben Berta.

Hexe _____   Hexe _____   Hexe _____

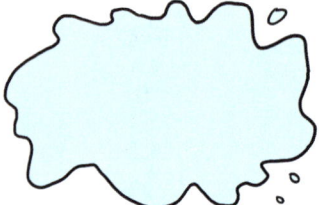  

> einem Text Informationen entnehmen, zeichnerisch umsetzen
und verschriften

44

 **1** Ergänze die fehlenden Formen in der Tabelle.

Grundform	1. Vergleichsform	2. Vergleichsform
nah	näher	am nächsten
		am besten
teuer		
	höher	
lieb		
		am weitesten

2 Vergleiche mit Adjektiven. Schreibe.

Auswertungsliste

Nr	Name	Weitsprung	Hochsprung	800-m-Lauf
1	Lulu	2,25 m	1,35 m	2 Min. 53 Sek.
2	Umut	2,77 m	1,02 m	3 Min. 5 Sek.
3	Elsa	2,30 m	1,21 m	2 Min. 31 Sek.

Weitsprung: Lulu sprang weit, Elsa sprang _____ ,
Umut _____

Hochsprung: _____
_____

800-m-Lauf: _____
_____

 **1** Lies den Text genau.

Die vier Freunde sind auf dem Weg zu einem ~~winzigen~~ *riesigen* Turm,

der schon hinter den hohen Bäumen aufragt. Elsa kennt den Turm.

Sie erzählt: „Im Turm ist eine ~~riesige~~ *winzige* Öffnung. Da können wir uns

durchquetschen und den Turm erkunden." Als sie den Turm erreichen,

staunen die Kinder. Der Turm besteht aus vielen kleinen Steinen.

Jeder davon wiegt bestimmt eine Tonne. Paul entdeckt ein großes

Hinweisschild, das man leicht übersehen kann. Laut liest er: „Achtung,

dies ist ein sicheres Bauwerk. Betreten verboten!"

Elsa ruft: „Oh, ich dachte, das wäre ein einsturzgefährdetes Gebäude."

Daraufhin meint Umut: „Eigentlich möchte ich mit meinen dreckigen

Händen auch nicht über den sauberen Boden durch die Öffnung kriechen.

Da liegt bestimmt ganz viel leckerer Mäusedreck und wir wollten doch

noch die ekligen Törtchen essen. Lasst uns doch einfach ein Picknick

neben dem Turm machen." Diesen Vorschlag finden die anderen gut.

 **2** Streiche die vertauschten Adjektive durch.
Verbessere die Adjektive direkt im Text.

› Merkmale von Adjektiven kennen
› Gegensatzpaare finden

1 Löse das Kreuzworträtsel.
Trage Wörter mit **ai** oder **ei** und Wörter mit **ie** oder **langem i** ein.

Im Rätsel gibt es
3 Merkwörter mit ai
und 6 Merkwörter
mit langem i.

M u

Lösung: _____

Merkwörter mit chs üben

1 Löse die Bilderrätsel.

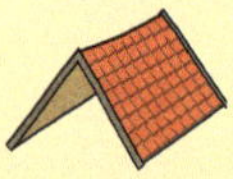

+ s

D=W

Wachs

W
~~D~~ach+ s

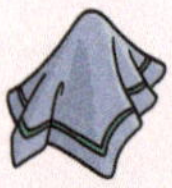

+ s

T=F

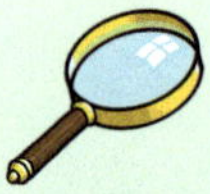

+ chs

~~pe~~

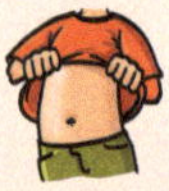

+ s

B=L+ ~~u~~

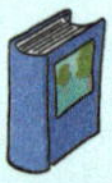

+ se

~~B~~ u=O

8

t=seln

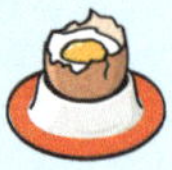 + 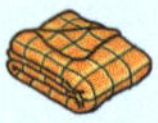

D=d
k=hs

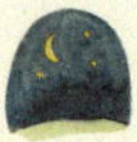 + 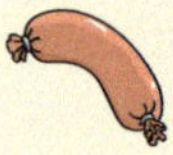

~~t~~ r=ch + ~~t~~

2 Erstelle ein eigenes Bilderrätsel zum Wort **Dachs**.

› Rechtschreibstrategien verwenden: Merken, Einprägen
› besondere Buchstabenfolgen kennen: chs

Fremdwörter üben

1 Finde die Fremdwörter heraus. Trage sie in die Wortschablonen ein.

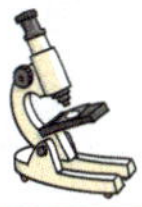

M k o p k o r i s

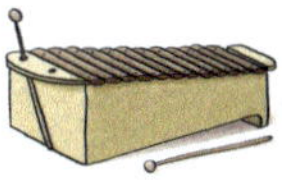

X f o l y o n

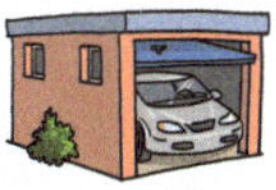

G a r g a e

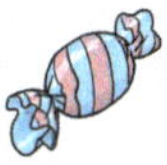

o n B b o n

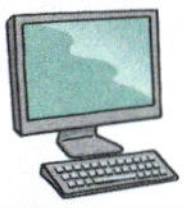

e t o u r C m p

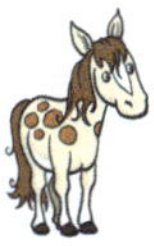

P o y n

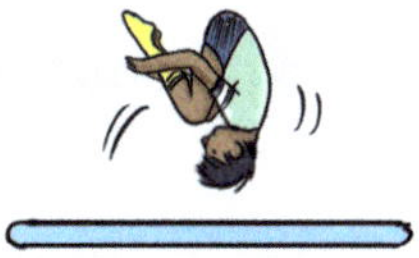

t l o a S

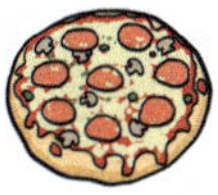

i P a z z

2 Löse die Rätsel mithilfe der Silben im Kasten.

ja-ma-Py	ve-Sou-nir	fet-Buf	the-po-A-ke

dort werden Medikamente verkauft

ein Andenken aus dem Urlaub

ein anderes Wort für Schlafanzug

Essen zur Selbstbedienung

› Rechtschreibstrategien verwenden: Merken, Einprägen
› Wörter aus anderen Sprachen kennen und schreiben

Detektivwissen überprüfen

1 Bilde die passende Form.

1. Vergleichsform von | nett |

2. Vergleichsform von | stark |

Grundform von | tiefer |

2 Gib die Vergleichsform und das Adjektiv in der Grundform an.

besser: ___. Vergleichsform von _____

am liebsten: ___. Vergleichsform von _____

höher: ___. Vergleichsform von _____

3 Trage die Buchstaben **ai**, **ei**, **ie**, **i** passend ein.

M___s   T___ger   ___er   Z___ge   Kan___nchen

Vamp___r   L___ter   H___   W___se   B___ber

4 Löse die Rätsel.

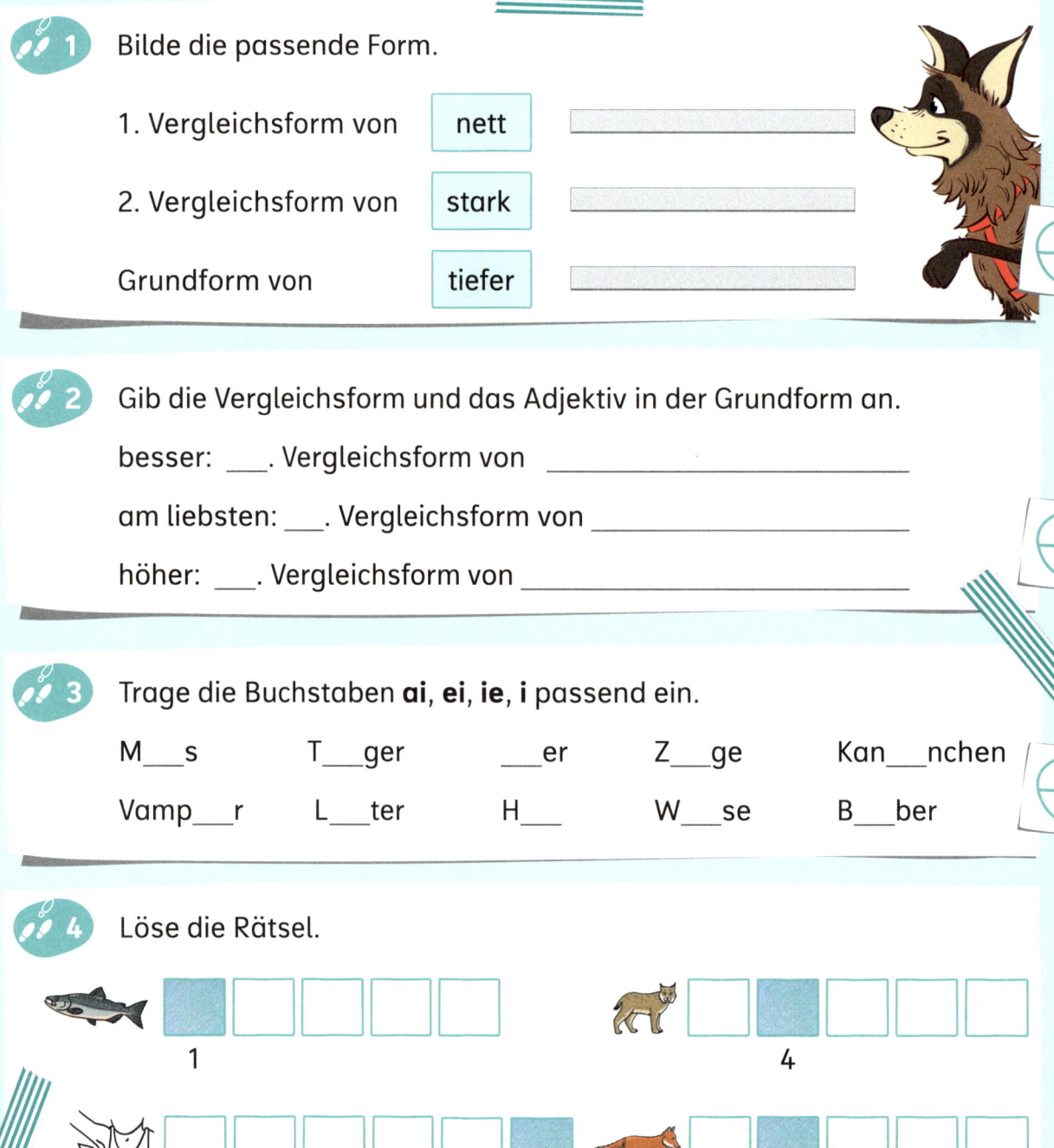

Lösung: ____ ____ ____ ____
        1   2   3   4

› grundlegende sprachliche Begriffe kennen: Vergleichsformen
› besondere Buchstabenfolgen kennen: ai, langes i, chs
› den eigenen Lernstand einschätzen

Spurensicherung: Der 5. Hinweis!

Pia ruft laut: „Zehn!" und stürmt in die Scheune.
Dann passiert ganz viel auf einmal.
Umut und Lulu schalten ihre Taschenlampen ein.
Elsa zischt: „Wir wurden reingelegt!"
Paul murmelt wütend: „Das sind nur Plüschtiere."
Hinten in der Scheune klappert eine Tür.
Dann hören sie, wie jemand wegrennt. „Oh nein,
es gibt einen zweiten Ausgang. Schnell, hinterher!", ruft Lulu.
Ein Mädchen haut mit Pias Roller ab.
Elsa, Umut und Lulu schnappen sich ihre Räder.
Paul saust mit dem Rolli los. Und Pia rennt schnell wie der Blitz.
An einem Feldweg biegt das Mädchen rechts ab.
Plötzlich ist sie wie vom Erdboden verschluckt.

Reingelegt!

? Pia und TEAM LUPE sehen sich suchend um.
Wohinter hat sich das Mädchen versteckt?

Brot	Berg	Decke
4 = m	3 = e; 4 =r	1 = h

☐ **Brombeerhecke**

5a

e

☐ **Blaubeerhecke**

5b

a

1 Schreibe zu jedem Nomen ein passendes Verb und ein passendes Adjektiv auf.

Bewegung — bewegen — beweglich

Wirkung —

Sicherheit —

Trockenheit —

Trennung —

2 Bilde zu den Nomen Adjektive.
Verwende die Endungen **-ig**, **-lich**, **-bar** oder **-haft**.

Tipp: An 2 Nomen kann mehr als eine Endung angehängt werden.

1 Lies den Text. Markiere die Wörter mit den Wortstämmen
fahr- und **fehl-**.

Elsa und Lulu sind mit Paul und Pauls Mama unterwegs zum
Rummelplatz. Die Mädchen haben ihre Fahrräder dabei. Sie fahren
schön langsam, damit es für Pauls Mama nicht so anstrengend ist.
Umut fehlt leider. Er sitzt zuhause und muss ein paar Aufgaben
5   nachholen, die ihm heute in der Schule gefehlt haben oder bei denen er
zu viele Fehler hatte. Elsa, Lulu und Paul hoffen, dass Umut ihnen
vielleicht noch hinterherfahren darf, wenn er mit den Aufgaben fertig ist.

Die Gruppe fährt gemütlich neben der Fahrbahn auf dem Bürgersteig.
Ein Autofahrer braust schnell an ihnen vorbei. Schon von weitem hören
10 die Kinder Musik. Sie biegen um die Ecke und entdecken die ersten
Fahrgeschäfte. Aufgeregt schließen Lulu und Elsa ihre Fahrräder am
Fahrradständer an und dann kann es losgehen.

Als erstes wollen Elsa, Lulu und Paul beim Auto-Scooter mitfahren.
Lulu ist für das Kaufen der Fahrkarten zuständig, Elsa und Paul suchen
15 die Fahrzeuge aus.

Danach wollen die Kinder zum Ringwerfen. Lulu hat beim Werfen schon
viel Erfahrung. Sie gewinnt einen gefährlich aussehenden Vampir aus
Plüsch. Elsa verfehlt leider mehrere Ziele, darf sich aber immerhin eine
Fahrradklingel aussuchen. Paul hat erst drei Fehlversuche, dann trifft er
20 das schwerste Ziel. Er bekommt als Hauptpreis ein Fernglas. Das wird
er auf jeden Fall auf die Klassenfahrt mitnehmen.

Als Lulu, Elsa und Paul gerade bei der Schiffschaukel mit dem Namen
Wilder Seefahrer anstehen, keucht es auf einmal hinter ihnen. Es ist
Umut. Schneller als gedacht, hat er es geschafft, alle fehlenden und
25 fehlerhaften Aufgaben zu verbessern. Die anderen freuen sich. Jetzt
kann der Spaß erst so richtig beginnen.

› sinnentnehmend lesen
› sprachliche Begriffe kennen: Wortstamm
› Wortstämme finden und markieren

1 Löse das Kreuzworträtsel mithilfe der markierten Wörter von Seite 53.

1. Ein Mensch, der auf einem Schiff auf dem Meer fährt.
2. Die Mehrzahl von *Fahrrad*.
3. Ein anderes Wort für Straße.
4. Versuche, die nicht funktioniert haben.
5. Ein Ausflug der Klasse mit Übernachtung.
6. Ein Mensch, der Auto fährt.
7. Etwas, das falsch ist.

8. Ein Gegenstand am Fahrradlenker.
9. Ein Ort, wo das Fahrrad abgestellt werden kann.

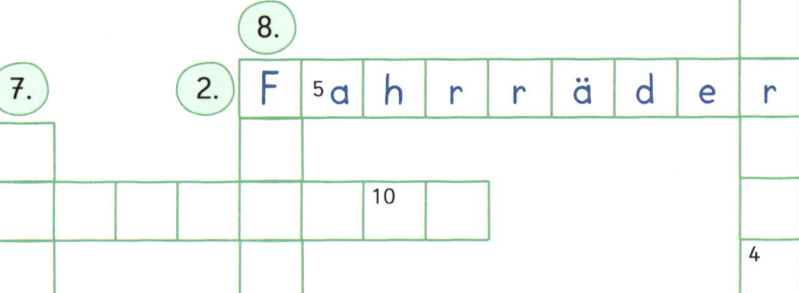

2. | F | ⁵a | h | r | r | ä | d | e | r |

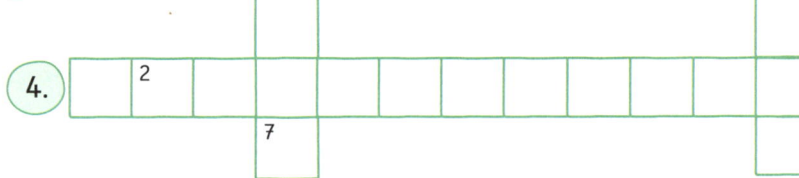

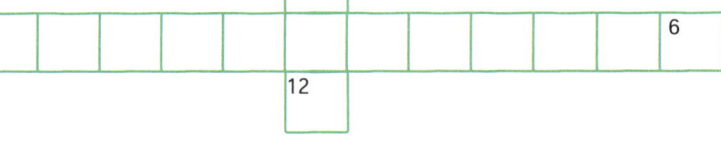

Lösung:
1	2	3	4	5	6	7	8	9	10	11	12
				a								!

1 Lies die Rätselkarten. Schreibe die Lösungswörter auf.
Zu welchem Wortstamm gehören die Wörter? Trage ein.

Ein Korb, in den dreckige Kleidung kommt.	Eine Straße, in der Autos sauber werden.	Ein Becken, in dem du deine Hände sauber machst.
_____	_____	_____

Eine Maschine, in der Kleidung sauber wird.	Ein Lappen, den du wie einen Handschuh tragen kannst.	Wortstamm
_____	_____	_____

2 Lies die Wörter. Welche 3 Wörter gehören zur selben Wortfamilie?
Notiere ihren Wortstamm auf dem Schild. Streiche das Wort durch,
das nicht zur Wortfamilie gehört.

Gehweg
gehen
gehörlos
begehbar

Malblock
gemahlen
abmalen
malbar

Trinkflasche
trinkbar
Tankwagen
trinken

Sehtest
versehentlich
sieht
Versuch

3 Denke dir zu jeder Wortart ein Beispiel mit dem jeweiligen
Wortstamm aus.

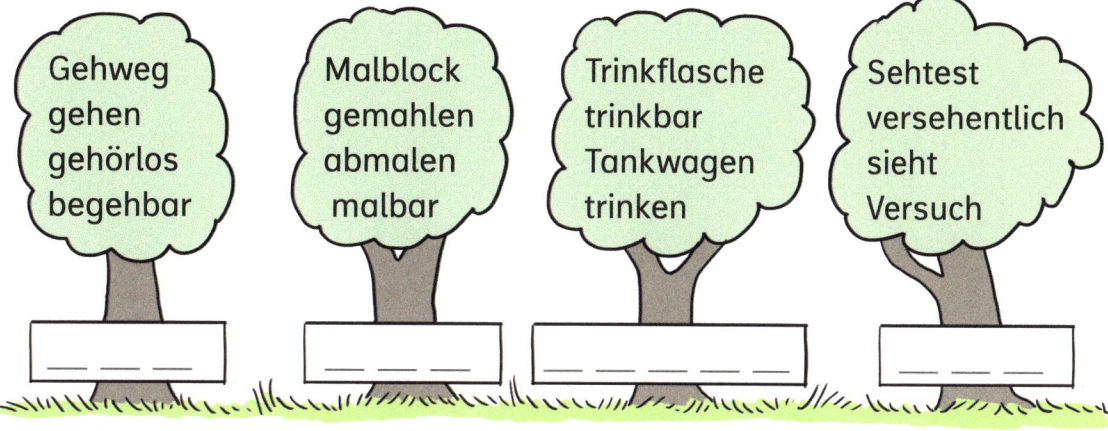

Nomen: _____
Verb: _____
Adjektiv: _____

spiel

Nomen: _____
Verb: _____
Adjektiv: _____

kleb

› sprachliche Begriffe kennen: Wortstamm
› Schreibweise des Wortstamms auf Wortfamilie übertragen

1 Lies den Text. Streiche die Fehler durch. Schreibe zu jedem Wort ein verwandtes Wort mit **a** oder **au** in der Zeile darüber auf.

Traum

Uno ist mit Elsa spazieren. Vertreumt schaut seine Besitzerin

in die Luft, während Uno damit beschäftigt ist, an Blettern und Gresern

zu schnuppern. Besonders die verschiedenen Gerüche

an den Gebeudeecken sind für Uno interessant.

Uno liebt diese teglichen Spaziergänge mit Elsa. Manchmal leuft er

mit ihr beim Metzger vorbei. Dann kommt der Verkeufer

jedes Mal lechelnd aus dem Geschäft und gibt ihm

eine leckere Wurst. Das findet Uno super.

Sobald sie nach Hause kommen, wescht Elsa Uno immer gründlich die

Pfoten ab, damit er keine Flecken auf dem Boden hinterlesst. Wenn

Uno dann abends schlefrig in seinem Körbchen liegt, freut er sich

schon wieder auf den nechsten Tag.

Tipp: Es sind 12 Fehler im Text.

› Rechtschreibstrategien verwenden: Wortstamm beachten
› morphematische Strategie verwenden: Ableiten
› Schreibweise des Wortstamms auf Wortfamilie übertragen

1 Lies die E-Mail. Markiere die persönlichen Anredepronomen.

AN: _____

BETREFF: **Meine Bitte an den Bürgermeister**

Sehr geehrter Herr Bürgermeister,

mein Papa meint, ich sol dir mal eine E-Mail schreiben.
Mein Name ist Lulu. Ich schreibe dir, weil ich eine große Bite an dich
habe. Auf unserem Schulhof gipt es einen Sandkasten. Da ist kaum
noch Sand drin. Überall wäxt Unkraut. Ich wäre dir sehr dankbar für
deine Hilfe. Kanst du dafür sorgen, dass ...

Tipp: Achtung, in der E-Mail sind auch noch 5 Rechtschreibfehler!

2 Schreibe Lulus E-Mail verbessert auf. Setze die höflichen
Anredepronomen ein. Verbessere die Rechtschreibfehler.

_____

_____

_____

_____

_____

_____

_____

_____

> strukturiert und adressatengerecht schreiben: formelle E-Mail
> Rechtschreibstrategien anwenden

 **1** Lies dir die Anleitung genau durch.

Der Flaschengeist

- eine möglichst kleine leere Flasche aus Glas
- Kühlschrank
- 50-Cent-Münze
- Glas mit Wasser

Schraube den Deckel einer leeren Flasche aus Glas ab.
Lege oder stelle die Flasche über Nacht in den Kühlschrank.

Stelle ein Glas mit Wasser bereit und lege das 50-Cent-Stück dazu.
Kurz vor Durchführung des Zaubertricks holst du die Flasche aus dem
Kühlschrank. Befeuchte die Öffnung mit etwas Wasser aus dem Glas.

Erkläre deinem Publikum, dass in der Flasche ein Geist wohnt,
den du jetzt erwecken wirst.
Lege ein 50-Cent-Stück auf die Flaschenöffnung.
Lege deine Hände fest um die Flasche.
Es wird einen Moment dauern, bis der Zaubertrick klappt.
Damit es spannend bleibt, sprich in dieser Zeit mehrmals einen
Zauberspruch. Nach einiger Zeit wird sich die Münze bewegen.

Der Flaschengeist erwacht!

› sinnentnehmend lesen

 **2** Ordne die Überschriften den einzelnen Absätzen zu.

Das wird gebraucht   Vorbereitung am Vortag

Vorbereitung am Tag der Vorstellung   Der Ablauf der Vorstellung

 **3** Nummeriere die Bilder in der richtigen Reihenfolge.

4 Welcher Zauberspruch passt zum Zaubertrick?
Verbinde.

Probiere den Zaubertrick
doch selbst einmal aus.

○ bleib in der Flasche,
  verstecke dich.

Geist der Flasche, ○
höre mich,

○ erscheine uns nun,
  zeige dich.

○ erzähle uns Witze,
  wir hören dich.

› zentrale Aussagen von Textabschnitten erfassen und Überschriften zuordnen
› Text und Bilder aufeinander beziehen
› Aussagen zum Text überprüfen

Detektivwissen überprüfen

1 Verbessere die Endungen der Adjektive.

kostig ⬚⬚⬚⬚⬚⬚⬚⬚⬚ herrhaft ⬚⬚⬚⬚⬚⬚⬚⬚⬚

zauberlich ⬚⬚⬚⬚⬚⬚⬚⬚⬚ schauerbar ⬚⬚⬚⬚⬚⬚⬚⬚⬚

mutbar ⬚⬚⬚⬚⬚⬚⬚⬚⬚ drecklich ⬚⬚⬚⬚⬚⬚⬚⬚⬚

2 Markiere die Wörter mit dem gleichen Wortstamm in einer Farbe.

Tipp: Es gibt 3 Wortstämme.

Tipp: Ein Stein i... zweifarb...

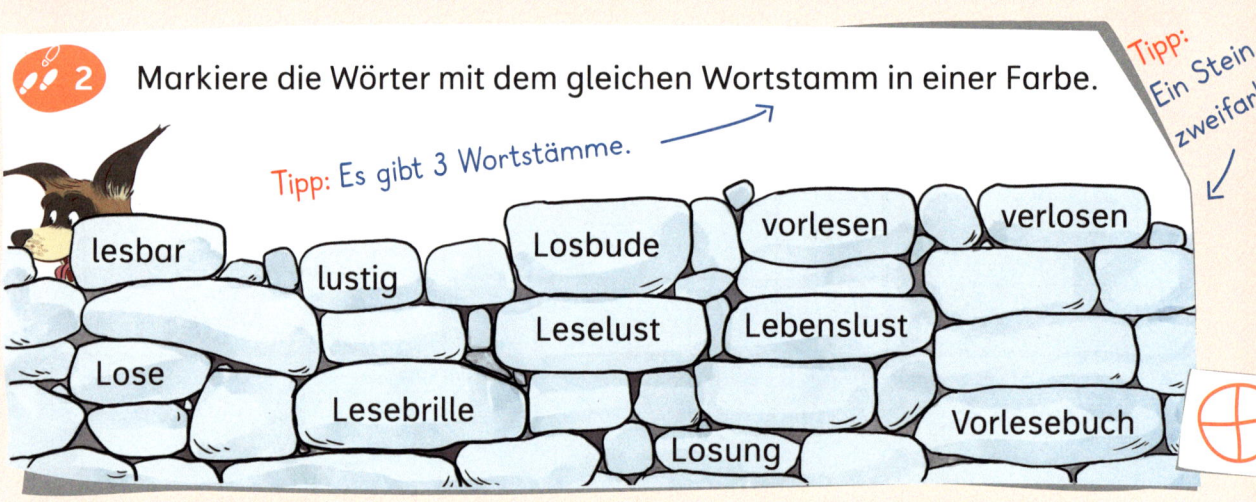

lesbar · lustig · Losbude · vorlesen · verlosen · Leselust · Lebenslust · Lose · Lesebrille · Losung · Vorlesebuch

3 Finde jeweils zwei Wörter mit **ä** oder **äu**, bei denen das verwandte Wort beim richtigen Schreiben hilft.

zahlen – Zählung – verzählt

fallen –

lachen –

kaufen –

Raum –

› Möglichkeiten der Wortbildung kennen
› Wörter zu einer Wortfamilie finden
› den eigenen Lernstand einschätzen

Tut mir leid!

TEAM LUPE und Pia gehen langsam auf die Hecke zu.
„Komm raus", sagt Elsa leise, „wir sehen dich!" Jetzt taucht das
Mädchen mit dem Roller auf. Pia schnappt nach Luft.
„Du bist das, Lilli?" Pia erklärt kurz, dass Lilli
in der Nähe wohnt. Umut sagt ganz ruhig:
„Lilli, du wirst Pia ihren Roller zurückgeben.
Sofort!" „Ja, ihr habt Recht ...", murmelt Lilli,
„tut mir leid! Ich hätte das nicht tun dürfen.
Aber ich hab das Plakat gesehen. Und meiner Schwester wurde der
Roller geklaut. Sie war so traurig! Ich beichte alles meinen Eltern,
versprochen!" „Und wo ist Rico?", fragt Pia. Lilli hat den Papagei nicht.
Aber sie hat eine Idee, wo Rico sein könnte.
Es gibt da nämlich einen Ort, wo sich öfter Papageien treffen.

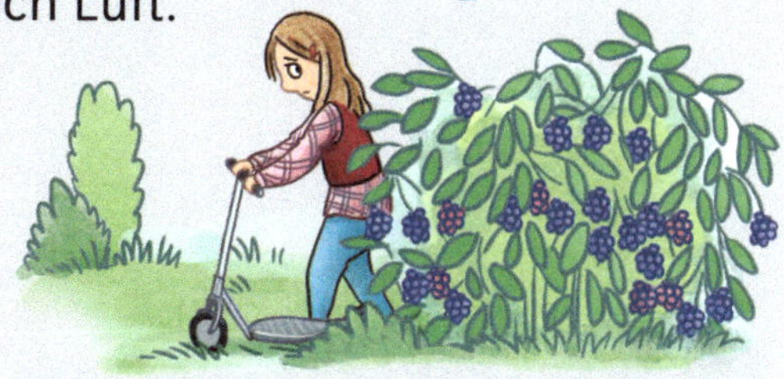

? Wo könnte Rico sein?
Der Weg führt an der Post und an der Polizei vorbei.

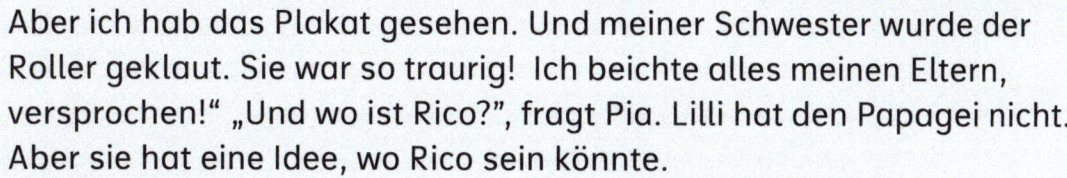

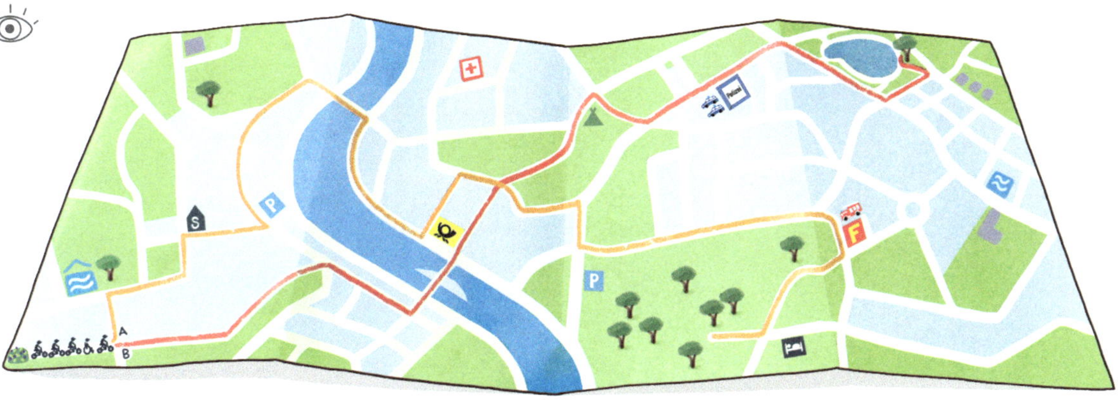

☐ **Weg A**
6a

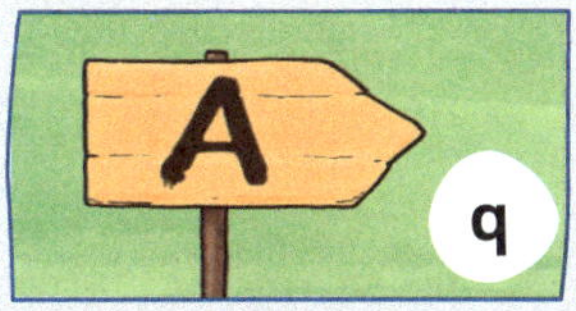

A q

☐ **Weg B**
6b

B r

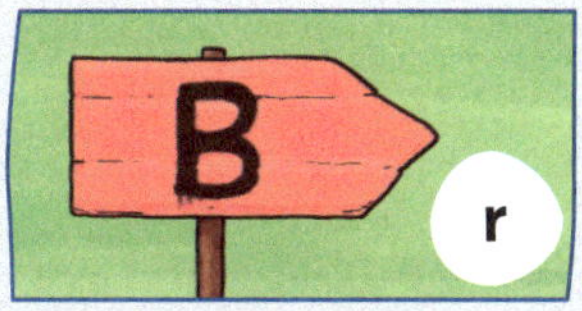

Die Fallakte: Der vermisste Papagei

In die weißen Felder kommen deine Hinweis-Sticker.

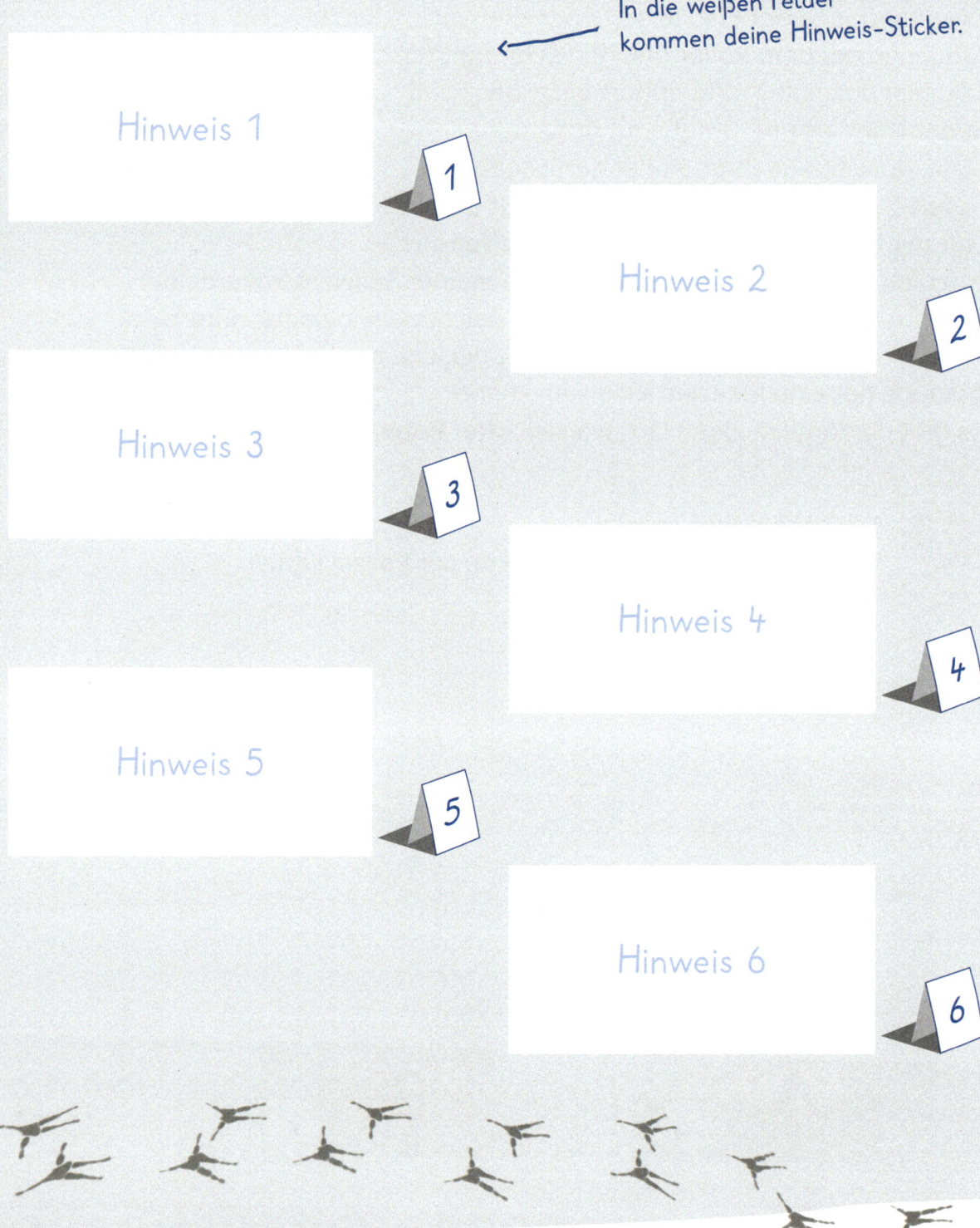

Hinweis 1

1

Hinweis 2

2

Hinweis 3

3

Hinweis 4

4

Hinweis 5

5

Hinweis 6

6

Jetzt fehlt dir nur noch ein PASSWORT.
Trage aus jedem Sticker den Buchstaben
in das passende Kästchen ein.

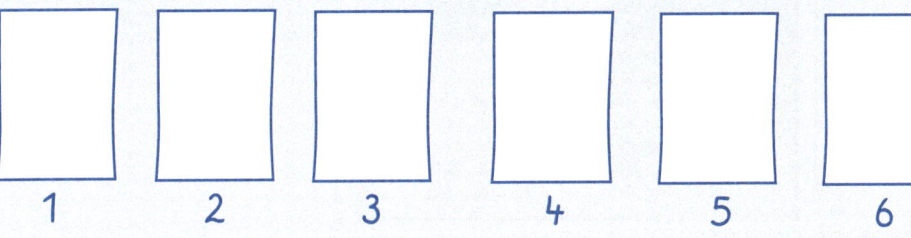

Rico liebt:

1	2	3	4	5	6

Glückwunsch!
Gemeinsam mit TEAM LUPE hast du den Fall gelöst.
Das Wort ist dein PASSWORT für:
www.team-lupe-ermittelt.de/papagei

Brauchst du dabei Hilfe?
Frage einen Erwachsenen.

ACHTUNG: DAS ENDE DES FALLS ACHTUNG: DAS ENDE DES FALLS

Die fünf Kinder düsen los. Am See zwitschern viele Vögel.
Auf einem Baum sind sie besonders laut.
Zwischen den Blättern schimmern grüne Federn. Lauter grüne Papageien!
Lulu seufzt. „Und wo ist jetzt Rico?"
Plötzlich plappert ein Papagei: „Hallo! Komm mal her!"
„Hier bin ich, Kleiner", ruft Pia.
Rico flattert vom Baum und lässt sich auf ihrem Arm nieder.
Pia lacht. „Da bist du ja, du kleiner Ausreißer!"

FALL GELÖST!

Viele Grüße!
Dein TEAM LUPE

RECHTE UND IMPRESSUM

westermann GRUPPE

© 2021 Westermann Bildungsmedien Verlag GmbH, Georg-Westermann-Allee 66, 38104 Braunschweig
www.westermann.de

Druck A^1 / Jahr 2021
Alle Drucke der Serie A sind im Unterricht parallel verwendbar.

Redaktion: Carina Panner
Krimigeschichte: Henriette Wich
Illustrationen: Cesare Asaro, Matthias Berghahn, Iris Blanck, Steffen Gumpert, Antje Hagemann, Michael Stapper, Zapf
Umschlaggestaltung: Stephanie Schober, mit Illustrationen von Michael Stapper
Layout: PER Medien, Braunschweig
Druck und Bindung: Westermann Druck GmbH, Georg-Westermann-Allee 66, 38104 Braunschweig

ISBN 978-3-14-**141479**-0